爆发式赢单

金牌销售实战手记

倪建伟 著

湖南文艺出版社
HUNAN LITERATURE AND ART PUBLISHING HOUSE

博集天卷
CS-BOOKY

图书在版编目（CIP）数据

爆发式赢单：金牌销售实战手记/倪建伟著 . --
长沙：湖南文艺出版社，2019.2（2021.3 重印）
ISBN 978-7-5404-8908-3

Ⅰ.①爆… Ⅱ.①倪… Ⅲ.①销售－方法 Ⅳ.
① F713.3

中国版本图书馆 CIP 数据核字（2018）第 279927 号

上架建议：管理·销售

BAOFA SHI YINGDAN:JINPAI XIAOSHOU SHIZHAN SHOUJI

爆发式赢单：金牌销售实战手记

作　　者：倪建伟
出 版 人：曾赛丰
责任编辑：薛　健　刘诗哲
监　　制：蔡明菲　邢越超
策划编辑：毛昆仑
特约编辑：蔡文婷
营销支持：傅婷婷　张锦涵　文刀刀
封面设计：MM 末末美书
版式设计：梁秋晨
内文排版：百朗文化
出版发行：湖南文艺出版社
　　　　　（长沙市雨花区东二环一段 508 号　邮编：410014）
网　　址：www.hnwy.net
印　　刷：三河市鑫金马印装有限公司
经　　销：新华书店
开　　本：787mm×1092mm　1/16
字　　数：209 千字
印　　张：17
版　　次：2019 年 2 月第 1 版
印　　次：2021 年 3 月第 3 次印刷
书　　号：ISBN 978-7-5404-8908-3
定　　价：45.00 元

若有质量问题，请致电质量监督电话：010-59096394
团购电话：010-59320018

前言
一个销售员的爆发式成长

你好，我是倪建伟。

很高兴你能打开我写的这本书，因为这说明你是个不甘平庸、对自己有一定要求并且乐于通过学习改变现状的人。既然是乐于学习的人，我相信你一定看过很多销售类的书籍，也听过很多销售方面的课程，你会发现，在销售行业里，不管有多少理论来支撑，到最后一定要回归到实战中去。所有学习的内容，到底是有用还是无用，放在实战中检验便知。而真正对你的工作有直接指导作用、能够帮你切实解决实际问题的，一定是销售实战派的作者、讲师分享给你的经验。而说起销售的实战派，毫不谦虚地说，我应该算一个。

截至今天，我在销售行业已有 20 余年了。

从安徽的小县城出来，发展到深圳的大都市，我曾先后就职于日本荏原机械、德国西门子、美国 Tuthill（泰悉尔）等世界著名企业，任办事处经理、销售总监、销售总经理等职。我先后做成了淮南矿业集团顾桥煤矿 8 台世界最大瓦斯泵合同、山东万华聚氨酯项目世界最大过滤器合同、吉林石化聚氨酯项目上亿阀门合同等大单。在 2009 年，我曾在网络上发表了以指导销售实战为内容的帖子，名为《销售无冬天》，当时的点击率超过了一亿，被广大网友誉为披露销售内幕最多的指导帖。2011 年，我出版了图书《销售就是要搞定人》，在当当网销售管理榜榜单上连续 6 年排名前十，累计销量超过了百万册，并且凭借这本书，拿到了当当网年度影响力作家的称号。而这本书同时也被世界名企惠普公司、深圳创维彩电等公司指定为营销人员拿单指导手册。

听到这里，你也许会觉得我是一个起点很高、一路都有高人保驾护航的销售员，但其实并不是这样。我和大多数普通的销售员一样，带着梦想进入这个行业，却经历了太多坎坷。我经常会为了业绩无法突破而发愁，总是被客户拒绝；感觉自己做销售很难，但是身边却总有人轻轻松松地拿下大单，赚了很多钱；不知道应该给客户怎么报价，甚至连小礼品都不知道怎么送；打仗没有第二名，我在做公关的时候，对手也在做公关，面对同行竞争绞尽脑汁却不知道应该怎么破局；一路拼搏，好不容易熬到了销售总监、销售总经理的位置，却对管理技巧一知半解，面对更大的客户，头顶着巨大的销售压力，却不知道应该怎么办……面对这些问题，我总是观察别人的销售技巧和行为，从成功的人那里吸取经验，从失败的人那里学习教训，再加上自己在工作当中的摸索，逐渐调整思路，慢慢形成了一套属于自己的应对销售工作的方法。经过 20 年的实战经验积累，我把我的方法、我的实战经验也总结出来，毫无保留地写了这本书，希望不管是销售新手还是销售总监，都能得到快速成长。

其实如果你细心观察，就会发现，那些平常看起来比你厉害 100 倍的人，并不是比你聪明 100 倍，而你之所以会跟他们产生距离，只是因为他们比你先找到了方法；那些业绩比你高的人，也并没有比你付出更多辛劳，他们只是比你先学会了"套路"。而你所需要的"套路"和方法，其实就藏在这本书当中。

很多销售员特别迷信精神的力量。一遇到问题，也不管是什么，一直在告诉自己要努力，要乐观，但这就好像是在打牌，你的手里可能连个顺子都没有，而对方的手里是双王 4 个 2，明显的差距在那里，如果你还在用精神胜利法说我一定能赢一定能赢，自己给自己催眠，那一定是不行的。我鼓励大家在困难面前不气馁、不放弃，但是光有拼劲还不够，还要有智慧。你不能只凭借盲目的自信而不顾及环境的约束。因为这个时候你的精神力量就好像是虚无缥缈的烟雾，看起来笼罩你全身，但在枪炮面前却毫无抵挡之力。所以一定要认清自己。

也有一些销售员在打击面前变得不敢向前，做事畏首畏尾，甚至一蹶不振。做销售的，哪能一路顺风顺水没有失败？当失败来临的时候，你要静一静，要允许自己失败。一个 100 万的单子，你成功了，收获的是这 100 万的业绩和客户资源，可能还有知道如何做成这 100 万的订单的方法。但如果这个单子丢了呢？那也是一种对心志的锤炼，会让你更能接受失败，让你更有抗压的能力。下一次再遇到这样的单子的时候，你就不会再错过了。失败有时候比成功更让人成长，因为你对它的认识会变得更深刻，思考也更深邃，所以收获的也往往更多。但是如果总是失败，那就不行了，那证明你的方法有问题。

从销售新手到销售总监，每个人都在追求成功和卓越，但在大多数人看来，自己离成功和卓越实在太遥远了——就好像谈恋爱，很多帅哥年轻的时候谈很多个对象，女孩子可能天生就喜欢围着他，所以他交女朋友特别容易，但是其貌不扬的年轻人就不找女朋友了吗？没有女孩子围过来怎么办？我们就去主动吸引啊，没有天赋，没有天时地利人和的条件，那我们就去找技巧、找方法，方法找对了，普通男孩子跟帅哥一样，同样能把目标变成现实。那么如何才能找到方法呢？普通销售员如何才能成为顶级销售精英？我将在这本书里一一告诉你。

在写这本书的时候，很多人问我这本书跟前一本《销售就是要搞定人》的区别。前一本是以小说为载体的，里面很多方法和技巧都是带有普及性质的，但因为要考虑故事的完整性和其他诸多因素，很多实战经验并不能做到跟大家充分介绍。所以如果给它做定位的话，前一本书更像是面向所有销售员的实战基础课，而你现在拿在手里的这本则是实战进阶版，适合希望更上一层楼的销售员、销售总监和销售总经理。在这本书里，我将会和你分享顶级销售精英一直在用的实战销售硬技巧；大客户销售如何布局、抢单、控单、赢单的软谋略；普通销售员如何实现爆发式成长，快速晋级为销售总监；以及销售总监、销售总经理管理的道与术；销售管理层如何实现个体价值升级，等等。希望能够以最快的速度帮你开阔视野、打破思维僵局、提升实战技能，然后转化成你的战斗力和生产力，使你迅速成为顶级销售精英。

目 录

CONTENTS

01 PART 【销售应该有的全局思维】
做正确的事远比正确地做事价值大得多

CONTENTS

02
PART

【万能销售实战技巧】
销售就是要搞定人

03 PART

【销售管理的道与术】

当好校长的角色，不要让自己成为老师

04 PART

【大单销售的成交策略】

安排成功的条件，按部就班地成功

01

PART

【销售应该有的全局思维】

做正确的事远比正确地做事价值大得多

每个销售员
应该有的正合思维

销售是一个零和游戏，一个订单，很多个竞争对手参与，最后只有一个赢家，其他对手输了时间，输了金钱，也输了一次机会。

一将功成万骨枯，销售员的成长是伴随无数的失败和痛苦的，所以从你成为销售员的那一刻起，你就应该为自己塑造一个好的心态，不停地为自己打气，不管经历什么，都能积极果敢地去面对。

在 2016 年，湖南张家界大峡谷的玻璃桥成了网络热搜词，很多人为了游览探奇，体会其中的惊险和刺激，都会去那里一游。但是从游客晒出来的照片来看，很多人上去之后都不敢走，有的在桥上蹲下来一点点试探，有的爬着一点点往前移动，也有的被吓得号啕大哭，有些人甚至是被朋友拉着两条腿硬生生拖到桥头的……这短短 300 多米的玻璃桥，安全系数是绝对没问题的，但为什么很多游客都害怕至极，不敢往前走呢？原因就在于这座玻璃桥建在 300 米以上的高山之巅，玻璃是透明的，可以俯瞰 300 米下的谷底，这个高度会让人觉得如果摔下去就必死无疑，所以，人产生了害怕的心理，一怕毁所有。因为害怕，走上桥的人都不敢挪动脚步，唯恐万一掉下去！

由此可见，害怕和恐惧会严重影响我们的行动。我们每个人都有害怕心理：害怕见陌生人，害怕被拒绝，害怕自己在别人面前表现得不体面……因为害怕，很多人不敢做一些事情，即使硬着头皮逼着自己去做，也常常会患得患失，导致执行的动作变形，事倍功半。

我常常见到很多销售员，因为害怕，处理不好与客户的关系，跟单跟丢，等等。销售的工作充满了竞争，它要求我们时刻表现出最佳状态，所以我们要有积极乐观的心态，充满喜悦，生机勃勃。而不好的心态，只会让我们消极悲观、颓废、不思进取。相信你一定看到过很多游戏玩家或者竞技场上的运动员，心态一旦崩了，他们就会犯特别低级的错误，随之而来的就是失败，甚至还有更为惨烈的结局。

那么，既然好的心态如此重要，作为一个销售员，要如何才能塑造好自己的心态呢？

第一，要自信，坚信自己能成功

如果你都不相信自己能成功，那么客户也一定能感受到你的犹豫，他会想：销售员都不敢确定，我还是等等看再做购买的决定吧。所以当你想做什么事情，就一定要满怀信心，相信自己一定能够完成。

也许你会说："我又没有实力，何来的自信呢？"总有很多销售员把缺乏自信归因于没有实力，可事实上，大部分的成功者都是在没有基础、也没有任何实力的前提下，一步步发展起来的。天生就站在高处的人很多吗？不，那是你的错觉。绝大多数优秀的销售员都是从底层，从没有资源壮大起来的。

为什么同样的起点，结果却是不同的呢？根本还是在于自信的程度不同。你观察一下你们公司的销售冠军，看看他是什么表现？是不是不管站在客户面前，还是登上公司的舞台，都是一副自信满满的样子？这些人把成功视为自己的必然结果，把经历失败视为通向成功的阶梯，跌倒一次就证明还有一个台阶罢了，把所有的台阶都爬完了，是不是就到了成功的终点？

无数个真理证明，坚持一定有成果。如"滴水穿石""卧薪尝胆"，把成功当作归宿，把失败看作台阶，坚信自己尚未成功只是还有台阶要爬，坚持下去，结果定会出乎你想象。所以，你若自信，没有什么是可以阻挡你成功的。

第二，要迸发出你内心的热情

很多销售员把销售看成一项苦差事，频繁地邀约客户、拜访客户、跟进客户、催单……让销售员对成交有了发怵的心理，觉得成交很难也很累。事实上，这是把销售任务化了，无形之中给自己增加了很多压力，不仅对签单毫无帮助，还有可能会影响你的心态。

而优秀的销售员，总是内心充满热情，跟客户交谈时，他们时不时手舞足蹈，语调忽高忽低，总是用自己的一言一行影响着销售的进展。在他们的认知中，销售就是一种生活方式，而不是任务。这是把销售常态化后的表现。其实仔细想想，生活中与人打交道，不也是一种销售吗？没有实体产品，那时候"销售"的就是你自己。

当你把销售看作一项通往未来无限可能的道路后，你自然不会对销售抱有任务式心态。当你真正把销售内化为自身的素养和能力后，所有的热情都会油然而生。

曾经有个销售员告诉我，他见客户有见家人的感觉。我说这种心态很好，所谓客户是衣食父母，真把客户当家人了，客户必能感受到你的真诚，感受到你的用心，所有的一切动作都是真实的，而非刻意为之。在这种状态下，客户还会随便拒绝你吗？没有人会轻易拒绝一个人的真心。

第三，要有实战的勇气

有了思想的高度还不够，还要有与之配对的结果。这个结果就是你大胆实战的果实。我给很多销售员做过培训，他们总是说："我都听明白了，可为什么总是缺乏实战的勇气呢？"这话听得我非常着急，因为这能叫听明白吗？顶多算听进去了，但是没明白。明白是要靠行动的，即要知行合一，用行动去践行你的知识，然后强化它，使这些知识成为你的认知，这才叫真的明白了。

真正的勇气来源于哪里？来源于你认识到了，然后不顾一切地行动。我们经常会看到很多年老的人说后悔，但大多数说后悔的人都是没行动的，而不是那些年轻时不顾一切向前冲的人。所以真正的遗憾是，"我本可以，但没行动"。

销售员是靠业绩说话的，怕被客户拒绝的销售员，只能说你刚刚入行，在销售的门口站着，还没入门呢。你看那些顶级的销售员，哪个不是早上拎个包，单枪匹马杀出去，晚上回来做报表，作战到夜深人静。哪个顶级的销售员是等出来的？要有等出来的好事，会轮到你吗？

所以，你要有勇气，要有不顾一切的冲劲，不管做什么，冲出去干了再说！

第四，要有超额的付出

销售员的成功，离不开超额的付出。没有辛勤耕耘，何来良田万顷！尤其在销售这种零和游戏中，竞争尤为激烈，其残酷性在于，玩到最后只有一个胜者。所以，你不靠超额的付出，凭什么从千军万马中胜利归来，夺单成功？

其实有很多销售工作，从一开始就注定不容易，要么是客户已经有了供应商，要么是客户对销售员不够信任……诸多因素让销售过程磕磕绊绊，充满艰辛，但从结果来看，这些艰辛也是必然的，因为它正如一个大漏斗，过滤掉的是那些不够努力、不够自信的销售员，剩下最优秀、付出最多的人胜出。由这些人来负责成交，负责建设，收获的结果才是最好的。

超额的付出是销售员笑到最后的必然因素。能者上，庸者让。能是因为你在大家都不能坚持的时候还能坚持，在大家放弃的时候你仍不放弃，在成交来临时你回头一看，就剩你自己。你说这个单不归你，归谁呢？

所以，你要有超额的付出，要有视一切苦难为台阶的自信，要有迈出去实战的勇气，要有积极向上的热情，由此，你再做销售，就没有什么能够阻挡你了。

新手销售员
应该确立的目标法则

一个人做事时想要获得一个好的结果，就必须果敢地行动起来，并且在行动过程中能够坚持下去。想要做到这一点，他做事时最初的信念极为重要。信念是为我们的目标服务的，没有目标，我们只能原地踏步。举个例子，一匹走南闯北的千里马和一头被蒙上眼睛拉磨的驴，它们都为行走付出了艰辛努力，甚至拉磨的驴更为辛苦，但为什么驴只能整天待在磨坊里，而千里马却能周游四方、饱览天下美景呢？就在于目标的不同！

唯有目标才不会使你平时的努力付诸流水，才能让你更清楚自己应该朝哪个方向努力，并且不会为短期的波折而犹豫不前。假设我们的目标很明确，就是要从深圳到北京，那么终点北京就是我们的目标，即使路上会遇到诸如堵车、走错路等挫折，只要目标是清晰的，我们就不会因为路上遇到的这些挫折而停滞不前。

马云曾说，他是看到且相信未来的。其实从马云的人生轨迹来看，我更倾向于马云首先是相信未来。他在20世纪90年代的时候相信互联网的未来，因为相信未来，所以才慢慢看到了未来，才把未来变成了现实，最终真正把握和拥有了未来。

未来即目标，你对未来看得多透彻，你的行动就会多坚定。京东的创始人刘强东，1998 年起家的时候不过是在电脑城贩卖光碟，到了 2004 年才开始在网上卖 IT 产品，但是他相信网购是未来的一种趋势，因为相信而坚持，最终收获成功。由此可见，人生成功的秘诀之一就是：有个好目标且相信自己一定能做到。

能坚持源自我们相信我们的目标，销售人员在销售产品时，如果连自己都不相信产品会给客户带去价值，那么客户又怎么会相信我们呢？

什么是销售？销售就是发现需求、满足需求的过程。同样，身为一名销售人员，我们想成为一个什么样的人？想成为什么样的人就是我们的需求，没有需求就不可能有具体、明确的目标。所以我们要认清自己的需求是什么，弄清楚了需求，那么目标就容易确立了。

我们可以拿出一张纸，随意写我们想要什么，内容和字数不限，但必须把我们的想法都写下来，不要有遗漏，这样做的目的是认清自己最想要的，以明确我们的方向。

假设你说"我就想要 100 万元人民币"，OK，这就是你的人生需求，也是你未来奋斗的方向，但是，它现在还不是你的目标。

因为，目标不是欲望，不是需求本身；目标是计划，是我们要努力实现的工作、人生计划，它必须有时间限制，必须能完成。树立目标不是让我们吹牛的，树立目标后我们会用尽一切方法把目标实现。

销售人员在树立目标的时候，最少要从以下 5 个方面去保证目标的可操作性和可实现性。

1. 设立目标且符合实际

过高和脱离实际的目标是不可能完成的，目标的设定应该像摘树上的苹果，不能唾手可得，也不能摘不到。目标要基于现实基础，设定成自己努力一下、拼搏一下就可以完成的，这样的目标才有存在价值。

比如我们的需求是一年赚 100 万，但现在实际收入是一年赚 10 万，那么你设定 100 万为你的目标就不符合实际，但是你设定一年赚 30 万的目标，就是基于现实且努力拼搏就能完成的，这样的目标就有价值了。

2. 目标应有落实执行计划

有了目标后，必须付出行动才能实现，所以我们还必须针对如何实现目标制订出行动计划，这个行动计划必须是为了目标的实现而做的，不可以和目标无关。

比如，我们树立"一年赚 30 万"为自己的目标，接下来就要规划出做什么事、怎么做才能一年赚 30 万，要清晰且有因果逻辑关系。假设销售人员一个订单赚 5 万，那么就要在计划里规划自己当年必须签订 6 个订单，这样才能保证一年赚 30 万。

3. 制作数据表，进行过程控制

当我们以一年赚 30 万为自己的目标，并规划当年需签订 6 个订单才能保证完成目标时，为了保证能年签 6 个订单，我们必须把拜访客户总量、预计签约客户总量、访问次数、客户的签约意愿强弱、自己的公关策略和方法等做成销售表格进行记录；至于一些无法用数据表格记录的内容，我们也必须以其他形式记录下来，只有这样，我们才能控制过程，同时也就基本控制了结果。

4. 目标的变更与修正

俗话说："计划不如变化快。"这个社会每时每刻都在变化，当我们制订了计划以后，可能会受到市场环境或其他环境变化的影响，所以我们需要与时俱进，对目标进行修正，但不能轻易放弃目标。

5. 把目标视觉化，有利于牢记目标

这个世界充满了诱惑，我们之前极度渴望的目标，其吸引力也会随着时间逐渐变小。我们不能像在玉米地摘玉米棒子的狗熊，摘了一个，看到下一个更好就扔掉以前的，这样不断地摘摘丢丢，最后得到的一定不是最好的！所以我们树立目标后就要让自己牢记，可以把树立的目标贴在床头、电脑显示器上、办公桌上等，这样我们能随时看见自己树立的目标，在这种视觉的刺激下，我们不断牢记自己的目标，不断看清自己的现状，确认未来的方向。

漫无目的地行动会产生无聊、不满、抱怨等负面情绪，我们想要有所作为，就不能期望直接从 0 到 100，因为很难实现，而从 0 到 1 就容易得多，设立目标不是为了为难自己，而是让自己努力一下、拼搏一下就可以完成的。而人是有惰性的，我们必须制订详细的实现目标的计划，利用各种数据表格，对过程进行控制。另外，把目标视觉化，可以时时提醒我们牢记目标，加速目标的实现！

俗话说："形象值万金。"虽然我们常说内涵才是最重要的，但是，刚刚接触你的人对你不了解，他是无法知道你的才华和内涵的，他决定你在他心目中是什么位置，唯一的判定依据就是第一眼看到你时，你的外表和言行举止是否得体。

在销售领域，端庄大方的服饰仪容意味着推销已经成功了一半，很难想象谁会和一个穿着不洁、举止粗鲁的销售员谈生意。销售员服装仪容不整，其损失不仅仅是别人一句不中听的评语，更会因此导致他无法达成交易。

曾有一个竞争对手公司的销售员想要跳槽到我们公司，这个销售员既有客户，又了解市场、产品，录用应该没有问题，但是他来公司面试时，穿的是一双运动鞋。

我们知道，运动鞋代表休闲，而作为一名职业销售员应该知道在不同场合穿符合自己职业要求的衣服。应聘是一种商务行为，并非休闲时光，也是需要你身着正装给人提供安全感的。你穿运动鞋，说明你不懂这些规则，或者你无法控制自己遵守这些规则。不懂规则的人和控制不了自己欲望的人都不是我们想要的销售员。而且我们当时是做大客户销售，一个合同的金额动辄几十万、几百万，甚至几千万，因此客户极度需要安全感，而运动鞋象征着自由奔放，不能提供安全感。最终这位销售员就因为穿一双运动鞋来应聘而与我们公司失之交臂。

穿着肮脏，或皮鞋沾满泥土，这样去拜访高大上的客户无异于自杀。在大客户销售行业中，一直对销售人员有"穿着要像成功人士"的着装要求，因为只有先看起来像个成功人士，我们才能更快地成长为成功人士，这就是"先像什么人，向他学习，最后才可能是什么人"。而且对销售员来说，穿着适合客户的场所环境要求，不但能顺利搭起和客户沟通的桥梁，还能让客户对你产生良好的印象，为生意的成交奠定基础。那么，销售人员去拜访客户，应该如何穿着才能得到客户的赏识呢？

第一，销售员要穿出公司所需要的形象

微软公司销售人员的着装标准是穿白色衬衫、深蓝色西装以及打领带，主要因为蓝色给人的印象是科技感，西服给人的印象是专业、商务，而白色衬衫给人崇尚道德的感觉。在销售实战中，微软销售员的着装确实给客户留下了良好印象。

当然，每个行业属性不同，要求销售员的着装也是不同的，比如 IT 行业销售，可能会走轻松商务路线，穿着 T 恤，使用双肩电脑包，可能会更引起 IT 工程师类客户的共鸣。总之，销售人员要穿着得体，穿出公司所需要的形象。

第二，销售员穿着要符合所销售产品的销售路线

金额越大的产品，越需要安全感，越需要信任度，而职业装给人专业的感觉，能提供信任度，所以销售人员可以根据自己销售产品金额的大小来决定自己的穿着。比如推销奔驰、宝马这些汽车，就需要正装搭配，而销售汽车的零配件，只要穿着整洁干净即可。而当我们拜访大企业、政府机构时，西服衬衣领带是必不可少的。

第三，销售员穿着要顾及所拜访对象的个人感受

拜访那些内向且羞涩的客户时，我们可以穿着随意些，避免因为穿正装而给对方带来压力，让他感到不安。而拜访那些专业的、权威的客户，穿深色西服则可以显示我们专业的气质。

在销售工作中，销售人员应该尽量避免穿着太新潮，我曾在某个人才高峰论坛看到过一个号称销售专家的男士，他穿着浅色衣服，头发染成米黄色，看起来很新潮。这个人号称自己是销售高手，但我断定他是在自吹自擂，他的销售工作一定不会很成功，因为从穿着来看，浅色的衣服虽然不会带给人压迫感，但它不具备专业性，不适合出现在专业场合，而染成米黄色的头发更是带给人不成熟、不稳重、不可靠的直觉感受。一个让别人感觉不成熟、不稳重、不可靠的销售人员，他的业绩想要力压群雄自然是不可能的！

另外，关于销售员的整体形象，我还有以下一些小建议和小提示。

☑**关于穿着的一些小建议：**在实际销售工作中，我们不能穿手织的毛衣，因为这样的手工制品，生活气息太浓，会给客户带来不专业的感觉。另外，所有的服饰配件，都要求简单大方，华丽和庸俗的配件只能给人华而不实的感觉。

☑**关于外貌的一些小提示：**在与客户的最初沟通中，客户首先看到的是我们的外观整体轮廓，然后才进行沟通，他会注意到我们的脸部和手，在销售实战中，销售员的脸部和手给客户带去的感受对最终结果的影响，远远超乎我们的想象。

有一次，我去总公司的采购部安排采购的事情，遇到一个向采购员推销密封圈产品的销售员，我发现他的鼻毛没有修剪，有两根露出鼻孔，给人的印象极其邋遢、恶心。事后我问公司的采购员工，有没有购买他的产品，采购员告诉我说，怎么可能会采购他的？连自己形象都不在意的人，他的可信度几乎为零，是不可能采购的。

☑**关于手势的一些小提示：**很多销售员向客户介绍产品时，往往采取手背向上的手势指引客户观看我们的产品说明书或目录，这样的手势是错的，因为从心理学的角度来讲，手心向下代表着有所隐瞒，不够坦诚。所以对销售员来说，在介绍产品说明书的时候，应该手心向上，给客户看手掌，这意味着坦白，能带给客户积极的暗示。同理，销售人员为客户引路时，也要手掌朝上，并说："请这边走。"

在商务谈判中，当客户提出我方价格高，要求打折时，我们也可以摊开双手，手心朝上，说："价格确实已经没法再降，这样吧，你如果开普通发票的话，运费我给你免去。"

☑**关于眼睛的一些小提示：** 人们常说"眼睛是心灵的窗口"，在商务交流中，眼睛向下和东张西望都是不应该的。正确的方法是，与男性交谈时，我们的眼睛看对方的鼻子附近，与女性交谈时，我们眼睛的焦点在对方嘴巴和下巴位置即可。需要注意的是，在整个交谈过程中，我们可以偶尔看对方的眼睛，也可以把双眼的焦点集中在对方的一只眼睛里，这样我们看起来会显得很柔和。

☑**关于坐姿和站姿的一些小提示：** 当客户请我们落座时，我们要先说"谢谢"，然后再落座，坐椅子时要坐满整个椅子的椅面，身体前倾，甚至可以前后微微摇动，表达对对方的肯定。男性坐椅子的时候切勿将双腿并拢，这是拘谨的表现，而且不能靠椅背。

在站着和客户交流时，我们必须采取立正的站姿，站立时，不要双手交叉抱于胸前，这是拒绝、防范的身体语言。

在销售工作中，成功的第一步就是在最初和客户接触时，注意自己的服饰仪容，给客户留下好的第一印象，吸引客户对我们的关注和兴趣，以获得进一步交流沟通的机会。

普通销售员
如何实现跨越式成长

我经常会去各地培训，也经常收到读者的来信，问我最多的问题就是普通销售员如何快速晋级。做销售工作，经常能看到身边的人很快就拿回了订单，一个新手销售员可能在开单之后，很快就得到了公司的重视，从此之后在行业里发展得顺风顺水。这些人真的都是运气好？还是他们掌握了什么先行的诀窍？

销售开单存在很多偶然因素，但更多是跟销售员自身的努力分不开的。普通销售员要想快速晋级，应该做到以下几点。

第一点，要有自信，要有强烈的渴望成功的心态

如果你不自信，没有渴望成功的心态，你在行动上就会变得软弱，没有那么积极。而当你做事不积极的时候，成功就会离你越来越远。很多时候，你的心态会影响你的行为，如果你有一颗强烈渴望成功的心，那么在行动上必然会多为成功做准备，一旦机会来了，你就能抓住。

熟悉我的人都知道，我在20余年的销售生涯中，先后换了很多单位。但是在这些工作中，只有一家单位是在第一个月没有签订合同，剩下的几乎都是每跳槽到一家单位，都能在第一个月就签下合同。一个销售员，刚进一家单位，就能在第一个月内签下合同，这总是让人刮目相看的。那么，我是如何做到的呢？

以我的第二份工作为例，当时是在一家销售水泵的企业。我在去这家公司的第二周签订了一个6万元的合同，第三周就被通知说，你不用再出差跑客户了，就在武汉驻扎下来成立一个办事处吧。我成了当时除了董事长亲戚以外第一个在外面成立办事处的人，而且去公司还不满一个月，就是因为我对成功充满了渴望，心态非常积极。

因为进入公司的第一周，通常都会安排培训。我们当时在一起培训的有很多人，但大多数都是被动培训，以为培训的时间是非常清闲的，不用往外面跑，没有开单的压力，所以每天虽然正常上下班，但更多时候就是坐在办公室里发呆。可是，这个时间段恰恰是你跟别人拉开距离的最好时间。

我们都知道，当你和别人做得一样多的时候，你很难成功；当你和周围人的努力相差无几的时候，你是拉不开与其他人的距离的。所以当别的销售员还在享清闲的时候，我就去找各种各样的竞争对手的资料，然后把这些资料和我们的说明书进行对比。这样经过信息的收集，我就比我的同事们多了很多对水泵知识的了解，也多了一些对应用场景的熟悉，我所掌握的知识就比他们丰富了。这就为我提前开单打下了很好的基础。

所以，要想成功，要想获得爆发式成长，你就一定要比你的同事们多付出努力。当你的同事们上班第一个月、第一周还在发呆、没有任何方向的时候，多去储备知识，了解对手，了解行业，你是主动出击的状态，你就会比别人更了解市场、更了解产品，也更容易先一步开单。

事实也是如此，当时武汉某设计院正好需要采购一批水泵，而我的知识已经足够跟他们进行深度交流。在演练的时候，我能说出我们的产品和别人的有什么不一样，而其他水泵销售员只能说出自己的水泵好，但是跟其他水泵的差异，他们完全不了解。对比之下，我的描述精准而深入，对设计师的影响就会更大，他觉得我在描述产品时有理有据，会相信我的产品是更好的，更愿意使用我推荐的产品，帮助我完成订单。所以积极主动的心态非常重要，它会决定你从起点上就赢过别人，而在很多时候你的主动学习和付出，都需要有一种必赢的心态来支撑。

第二点，要学会突破，不走寻常路

销售员要学会经常性思考，因为当你想的跟别人不一样的时候，就会比别人做得多、做得不同。如果跟别人想得一模一样，别人做什么你也做什么，还想比别人多赚钱、升职更快，那是不可能的。一个人，如果永远都安逸地走在别人后面，永远跟着别人，那他永远都不可能成为队伍中领先的那一个。在销售工作中，每个人都可能会遇到自己事业的天花板，要想往上发展，打破瓶颈，就要学会突破。

在 2012 年，我对金融行业产生了浓厚的兴趣。因为我之前是做工业设备的，还停留在之前的大客户销售思维里，但是 2012 年的时候，我看到投资圈、金融圈很火，很有发展前景，就特别想跳槽去金融行业。但是我一没经验，二没合适的人引荐，想找到更好的工作，根本没办法实现，怎么办呢？

一般人求职，可能会想到先看看招聘网站，查一查企业有没有招人的信息，按照公司留下来的招聘邮箱，发送自己的简历和相关介绍，等着看人力部门对自己是否感兴趣。感兴趣就约谈，不感兴趣就再找其他家。我的做法不是这样的。俗话说擒贼先擒王，我先去网站上搜索想去的几家公司的来历和发展，利用天眼查软件，了解行业特点和一些其他东西，然后再锁定其中一家。

在网站上，一般都能搜到公司董事长的信息，我就筹划着如何去见这家公司的董事长。然后我又对这家公司做详细的了解，看他们的发展方向，获得的荣誉，东西卖到哪里，竞争对手是谁，合作伙伴是谁，等等。做好准备之后，我就去见董事长，并且获得他的认可。关于销售员如何获取领导层的认可，这一部分我在之后的内容里会详细说明，在这一节就不再赘述了。因为得到了董事长的引荐，我很快就拿到了这家公司营销总监的职位，并且因为是董事长亲自推荐过来的，公司的各个部门的同事都会高看我一眼，我的工作进展就特别顺利。所以你看，如果一个人想换工作，想晋升，职业上遇到天花板，固守陈规是帮不上什么忙的，多想一想其他人都在走什么样的路，而你有什么不同，你就能更快速地接近自己的目标。而这就是突破。

第三点，要多学习和储备

学习会让你和其他销售员有所不同。因为你懂的东西比别人多，更了解市场，就更有达成订单的可能。储备是多元的，一般我们说销售员的储备包含两个方面，一方面是知识的储备，另一方面是人脉的储备。在职场上，一个人要想往上走，光靠自己是很难的，不管这个人能力有多强，仅仅依靠自己，本身就是局限，更多时候是你身边的人成就了你。人脉的储备通常分为对内和对外。对内，要跟同事搞好关系，很多时候你去处理问题，不能说这是老板让我干的，打着老板的旗号就让其他人必须无条件地服从你。硬干很多时候是解决不了问题的，必须学会圆融，才能处理好内部的关系。对外，要学会搞定客户，搞定潜在的客户资源。关键人脉的积累，在很多时候都能帮你更快拿到订单，给你带来更多财富和机会。

我之前看过一本书叫《六度人脉》，其中讲通过五个人，你就能联系上美国总统。当然，这种说法是有些夸张的，但是我们善于积累人脉、利用人脉，你的人脉和别人的人脉相叠加，就可能给你带来更多的附加值。通过五个人你也许不能联系上美国总统，但有时候通过几个关键人，你就能拿到订单。

应该做效率型
还是效能型的销售员

有销售小伙伴来信问：倪总，请问做快消（快速消费）的业务员有前途吗？

这个问题仁者见仁智者见智，以我个人的阅历而言，答案是简单明确的：快消的前途只有2~3年，而大客户销售可以做一辈子。

在我的经验里，做快消只是年轻人刚刚踏上社会，去了解社会的一个途径，一般不要当作自己的事业去做。因为，做快消的销售员实在是没什么前途。只适合30岁以下的人去做，实际上，在25岁之后，还做快消业务员而没有或不能带团队的，这辈子基本是没指望了。

人这辈子，不是仅仅靠勤奋就能成功的，人生的成功主要是看在人生的关键节点你做对了什么事，这个事价值多大？

价值越大，成就越高。

而不是看你这辈子做了多少事情，日行百里的邮差事情很多、很忙，但是一辈子也就是个邮差。

世界知名互联网公司思科的董事长曾经说：一流的企业培育高效能员

工，高效能员工造就一流企业。销售界一般把销售员分为效率型和效能型两类。所谓效能型员工是指"做正确的事"，而效率型员工则指"正确地做事"。

一般而言，从事快消行业产品销售的业务人员多被认定为效率型销售员，效率型销售是以结果为导向的，强调多跑客户，其销售过程相对比较简单，每个订单的数额小但签订订单的频次较多，目标客户数量大且分散，像食品、饮料、化妆品、手机、照相机、家用电器产品的销售，都属于效率型销售，总体看来有 4 个特点：

1. 最终采购方一般为个人或家庭；

2. 无论是组织采购还是个人家庭采购，其决策过程都非常快，并且基本上是纯粹的个人决策，最多也就是家庭或组织的主要成员，进行一些简单的协商；

3. 价值相对较低，对一般个人、家庭或组织来讲，都是重复购买（如手机、家电），有的甚至是高频率重复购买（如食品、化妆品等）产品；

4. 销售过程相对简单，以柜台销售或简单的一对一销售模式为主，通常在纯粹销售的过程中，不需要公司其他部门太多的支持。

从事工业用品大客户销售的业务人员往往被界定为效能型销售。

效能型销售过程——各类工业用品、各类解决方案或大型设备，类似产品或者相关服务的销售过程环节比较多，拜访客户的复杂程度也比较高。这类销售总体来看有 4 个特点：

1. 采购方一般为政府、企业或社会组织，而很少是个人或家庭，即便是个人或家庭用品也是昂贵的耐用品；

2. 客户决策过程比较复杂，并且非纯粹的个人决策，需要通过内部酝酿和招标过程才能最终决定购买；

3. 产品或解决方案的价值都相对较高，对采购方来讲都十分重要，绝非低值易耗或可随意采购的产品；

4. 一个订单，无论大小，其销售过程都比较复杂，销售周期比较长，对售前、售中和售后的要求较高，往往需要公司两个甚至更多的部门与销售部密切配合，才能得到客户的最终认可，从而实现销售。

综上所说，简单地理解所谓"效率型销售员"是指销售流程比较简单的快消类产品销售员，而"效能型销售员"则往往指的是从事工业用品大客户销售的业务人员。

我们从外在的形式去区分效率型销售员和效能型销售员，其实也很简单。你要留心观察企业，如果一个公司非常注重团队的积极性，利用各种各样的场合，把员工分成各种小组进行竞争型团队游戏或高喊各种激励性的口号；在销售部的办公室里，挂满各种激励性的标语、先进员工的照片和员工的决心书等用以强化大家进取心的一系列管理动作，这多数是效率型销售队伍。效率型的销售队伍，会通过各种办法营造积极的团队氛围。其目的只有一个，就是要使大家的精神始终保持亢奋的状态，因为销售人员在这种亢奋的状态下，才会漠视挫折，从容应对一天里大量的、重复性的销售活动。

2018 年，我给一家保险公司培训，在会议开始前暖场的时候，保险公司领导做会议发言。他第一句话说："大家好！"

下面的保险公司员工整齐如一地喊："好！"

然后全体成员有节奏地拍了 3 下巴掌。

一下子把会场的气氛和所有人的情绪带到了工作中去。

这样的气氛也感染了我。

销售无所谓对错，只有有效无效，销售这个行业最终看的是业绩。

效能型员工"做正确的事"，效率型员工"正确地做事"。两者各有特色，但是都不够完善，因为正确地描述成功应该是：

在正确的时间、正确的地点以正确的行动做正确的事。

在销售的职业生涯里，我们会看到，那些快消行业的效率型销售员在职业生涯的最初 2~3 年收入可能远超效能型销售，但是 3 年之后，从事大客户销售的效能型销售员的收入则是无上限的，各方面成就均远超效率型销售。

为什么会是这个结果？

因为，做正确的事远远比正确地做事价值大得多。

做正确的事，只要正确的事情做成，回报总是有的。

而正确地做事呢？

一件错事，你越是努力地去做，结果你错得越多，输得越惨！

路错了，你怎么走，都很难走到成功。

作为一名销售员，从长期利益来看，我们应该优先选择成为做正确的事的效能型销售员，但是假设你是一名管理人员，你就要站在管理的高度，认识效能和效率两种销售员类型各有优劣，而你要根据公司、行业、竞争对手、客户、环境等，优化自己的销售队伍，吸取融合这两种类型的优点，打造一支不仅仅高效率且具备更高效能的队伍，这样的队伍才能所向披靡，大杀四方。

你是效能型销售员还是效率型销售员？你该如何弥补自己的短板，做个更优秀的销售员？我的建议还是争做效能型销售员，因为效能型销售员的前途是不设上限的，做正确的事，并且积极努力，你的未来一定不可限量。

如何才能成为
一个喜怒不形于色的高人

　　儒家的智慧讲究中庸，特别推崇喜怒不形于色，认为这才是大人物必备的涵养。宋朝苏洵在兵书《心术》中形容一名优秀的将领应该是：泰山崩于前而色不变，麋鹿兴于左而目不瞬，然后可以制利害，可以待敌。相比之下，那些喜怒哀乐经常写在脸上的人，经常被看作没有城府不足以成大事。

　　在销售实战中，修炼成一个喜怒不形于色的心机高人尤其重要，因为人的弱点往往是在其愤怒发脾气的过程中暴露出来的，我们销售员如果不能控制好自己的情绪，别人一刺激就立刻以眼还眼以牙还牙，自以为快意恩仇，实际上却很容易暴露弱点，中了别人的圈套，从而签单失败。

　　我有一个失败的销售案例，就是因为情绪失控造成的。那是 2009 年，我在安徽做一个央企的新建化工厂项目，这个项目投资 260 个亿，是安徽省当年的特大工程之一，我去拜访客户的技术部部长的时候，发现他已经成了其他竞争对手的交易关键人，于是我想，既然如此，我不如去找上面的总经理之类的高管，我找了安徽工信委一个干部给这个央企的总工程师打了个电话，然后我和他一起去拜访了这位总工程师，谈得还是比较愉快的。

　　紧接着就要招投标，由于是央企，他们公司内部有招标办，于是我就以和总工程师交流过了、总工程师也赞同为名，让编制标书的招标办的工作人员，把标书的商务条款做了修改，比如要求投标人在这家央企最少有 3 个使用业绩、注册资金必须超过 5000 万等等。

　　竞争对手买了标书后，猜到了我公司和编制标书的人有合作，一怒之下就实名举报了我们，说招标公司的招标文件设置不公平条款，属于有倾向性招标，要求重新制定招标文件，等等。

　　由于是实名举报，这家央企的纪检部门分别找了招标部门和各个购买标书的公司聊，征求对标书的意见的同时，也派人对各公司生产能力／投标实力进行访谈调查。

　　在这个关键时刻，我有点想当然，被情绪控制了思路，想报复举报我们的那个上海厂家，于是我给来调查的纪检人员发了投诉短信，说上海这家竞争对手不符合投标要求且涉嫌恶意竞争，等等。但是这个短信后来被竞争对手认识的那个技术部部长知道了，而这个技术部的部长当时恰好是调查组的成员之一。

　　结果这个技术部部长通知上海厂家做好了调查的安排，通过调查组的调查，又反告我。于是，我和竞争对手来回互相举报，这样搞了两次，弄得都很麻烦，招投标也延期了，我和那个上海的厂家因为斗得太厉害而都没中标，最后是另外一家没有关系的厂家中标，坐收渔翁之利。可见，被情绪牵着走而不能操控情绪，很容易让自己陷入被动，甚至因此输了全盘。

　　在具体的销售实战中，我们难免会有喜怒哀乐这些情绪上的波动，但是，无论是面对竞争对手的圈套、挑衅，还是面对客户的刁难，我们都不该被情绪左右，乱了方寸。如果愤怒已经产生，就要学会控制和压抑愤怒，万事缓一缓，冷静分析形势，找恰当的办法解决问题。

一般来说，销售员想练到喜怒不形于色，需要从心态和行为两方面加强锻炼：

一、心态上要不争

《道德经》说，"天之道，不争而善胜"，只有不争才能最后争天下，我们销售员想要成为高手，也必须学会在心态、言行方面表现出"不争"的风度，这样才能赢得人心，从而为成功打下基础。

（1）除了微笑，不轻易展露我们的表情和语言，但积极进取的事业心必须向人祖露，一定要常谈，大谈，因为这是正能量，会帮你吸引正面的东西。

（2）不对他人说自己的痛苦和困扰，负能量的东西永不展露给别人。

（3）做了决定，但不说出来，而是把这个决定当作问题去征求别人的看法，把决定通过别人的嘴说出来，这样显得我们采纳了别人意见，而决定又是别人提的，他执行起来无话可说。

（4）不在人前表现后悔，即使错了，道个歉完事，不可纠缠不休。我们做任何事情都要用心和努力，有正能量，因为有人在看着你。任何一件事情都必须画上句号，慎始慎终，这才是大人物的风格。

二、行为上要无害

（1）任何想指责他人的话，都必须先在嘴巴里停留三分钟，考虑清楚：我确实要把这句话说出去吗？只要你做到了这一点，我可以保证，哪怕仅仅做到这一点，你都会成熟很多，变得有城府很多！

（2）讲话要抑扬顿挫，宁愿说话慢，不要快，快的话显得你慌张。看人的时候眼神要坚定和稳定，要学会注视别人。

（3）穿衣打扮要深色调，商务型，尽量选职业装。行走坐卧都要缓慢有力，不可松松垮垮。宁慢毋快。

（4）做出重要的决定，先不要去实行，先放一放，第二天再去看看这个决定是不是有什么缺陷。因为当局者迷旁观者清，我们在某种情绪下做出某个决定时，往往带有情绪色彩，不是完全理性的，往往存在瑕疵，放一放，缓一缓，过了一夜你就会发现原来还是有可以改进的地方。如此训练自己，时间不长，你就是思虑周详的高人了。

销售必知的
5 个心理学观点

　　读经典，可以使人增长智慧；读历史，可以使人做事有手段，因为他山之石可以攻玉。

　　现代心理学研究的 5 个观点，如果拿来指导销售工作，或将有助于销售人员看清社会现象，看清客户的内心。

　　一、钱袋离心最近。想掏客户的钱袋，必先攻心。销售成功的关键在于得到客户的信任，客户信任了我们才有成交的可能，如果客户不信任，那一切都是空谈。而让客户信任我们，首先要做的是探索、理解和掌握客户的心理。探索清楚客户内心的追求和困扰后，我们就能提供方案来满足他们的追求和解决他们的困扰，从而完成销售任务，达成双方各取所需的交易。

　　不了解客户的内心，只一味地推销自己的产品，那是王婆卖瓜式的销售套路，它早已经过时，也被现在的人所厌烦。比如，某些强行推销保险的销售员，往往在电话里开口说第一句话时，就会被接听者挂掉。一个好的销售员，不应该是死板的推销者，他应该如春风一样徐徐吹拂，悄悄走进客户的内心。

走进一个人的内心，可借用的方法很多，比如熟人介绍法、专家推荐法、展览会展现法、行业协会技术交流法、样板工程模范营销法，再比如小米手机搞的用户体验法等，不一而足。

世界上有两件事很难：一件是把别人口袋里的钱转到自己的口袋里，另一件是把自己的思想灌输到别人的脑海里。钱是稀缺之物，每个人都想放在自己的口袋里，不想随便掏出，所以想掏客户口袋里的钱，就必须先搞定客户的内心，客户有欲望了、有需求了，那么他就会把口袋里的钱心甘情愿地给你，让你去满足他的欲望，实现他的需求。

二、我们总是倾向于做那些让我们感到愉快的事情。人都喜欢听自己喜欢听的话，优先做那些让自己感到愉快的事情，而延迟去做那些让我们感到有风险、让我们难以抉择或痛苦的事情。确定购买对采购者来说有一定的决策风险，比如担心花钱买来了伪劣产品，造成单位领导对自己采购能力的质疑，继而对自己的前途产生不良影响。所以即便是一个组织在做购买决定的时候，也如个人一样具有拖延症，拖延一下，再货比三家，再看一看领导的态度。

销售人员清楚了客户的这个心理以后，就能清楚地知道客户在做购买决策时会有拖延症，所以在做销售攻略的时候就不要那么咄咄逼人，不要给客户那么多压力。由于这种拖延症的存在，我们越是给客户压力，客户越是可能感到忐忑，从而越是不敢做抉择。

三、人都是贪图利益的。环顾一下现在的商业巨头，比如腾讯（旗下的QQ、微信），比如新浪（旗下的微博），比如360，比如阿里巴巴（旗下的淘宝网）等，如果追溯这些企业的创业起点，我们就可以发现一个规律，这些巨头在最初的创业阶段都是靠免费产品。

为什么这些行业的佼佼者、商业巨头，他们的产品免费给别人使用，却能够创造巨额的回报，让自己变成一个巨无霸企业呢？原因就是他们先让客户享受了他们提供的免费产品，通过免费提供产品价值，黏住了客户。把客户留下了，再慢慢对客户进行营销。

在实际的销售工作中，在某个项目最初的信息收集阶段，信息收集上来之后，我们确定了这个项目是我们的目标，并决定要做它之后，接下来，在拜访客户之前就要布局，就要设计好销售流程。在这个流程中，一定要先舍后得，先给客户小恩小惠或者免费的知识宣传，让客户体验到我们所销售的项目的价值，然后再使客户对我们有好感、有承诺，最后完成订单。

穿鞋的怕光脚的。穿鞋的人总是怕一着不慎把鞋弄脏了，所以他们小心翼翼、如履薄冰。客户也是一样，越是高层，越是注意安全，越是注重投资回报率。所以销售员对中高层的客户进行营销时，一定要坚持先提供价值，将所有的风险规避，这样客户才敢和我们合作，才敢出手。如果我们过于强调自身的回报，坚持先获得回报，再提供价值，那么我们很可能会如当年美国 eBay（中文叫易趣）进中国一样。eBay 当年进入中国的时候，是中国第一家购物网站，但就是贪图小便宜，一开始便收费，而被后来的淘宝网硬生生地用免费这一招给踢出局。如果我们先提供价值，再获取回报，不但能够赢得客户，还会赚得更多，正所谓"赠人玫瑰，手有余香"。

四、你说什么客户都不一定信，征服客户的还是你的实力。一个人的实力有两种：一种是硬实力，可以用物质来标注，比如说你有多少钱、有多少套房子；另一种是软实力，无法用物质来表明，却是不可或缺的属性，比如说一个人的自信、一个人的斗志，甚至一个人和什么人在一起，都是竞争力的一部分。

这个世界由优胜劣汰的自然法则主导，商业也不例外。销售是一个说服别人的职业，而要想让别人相信你，最有力的武器莫过于提出能够证明自己有这个实力的证据。老练的销售人员总是在和客户交流、交谈时明示或者暗示这一点，证明自己是个有实力的人。

有这样一个故事。1970年，韩国巨富郑周永投资蔚山造船厂，要造100万吨级的超大型邮轮。对造船业来说，郑周永当时是一个完完全全的门外汉，但是他信心十足，他认为造船就相当于造发动机一样，总是由不会到会、由不熟悉到熟悉，没什么大不了的。过不多久，他就筹集到足够的贷款，把工厂建好了，就等客户来订货。但是想接到订货单却没有那么容易，当时的外商都不相信韩国，它的企业会有造超级邮轮的能力？

外商质疑，因此没有订单，这种情况该怎么办呢？郑周永为此苦想良策，终于他想出了一招，从一堆发黄的旧纸币中找到了一张500块钱的纸币，纸币上印的是16世纪朝鲜的民族英雄李舜臣发明的铁甲战舰"龟船"。这个龟船的外形很容易让人想起现代的邮轮，而实际上龟船是古代的一种运兵船。民族英雄李舜臣就是用这种船打败了日本人，粉碎了日本的著名将领丰臣秀吉对朝鲜的侵略。郑周永揣着这张旧纸币四处游说，宣称朝鲜在300多年前就具备了造大船的能力，而现在更是完全有建造大邮轮的能力。经他这么一宣传，再有这个纸币的图案证明，外商就信以为真，很快就给他发出了两个建造26万吨级的邮轮的订单。

在工业产品的销售中，由于客户购买的产品是用来满足生产、经营所需的，客户比普通的购买者，比如说购买一双皮鞋、一件衣服的人显得要慎重得多。如果销售人员不能给客户足够的信任感和让客户相信的充分证据，客户根本就不敢采购你的产品。因为对客户来说，选择一个伪劣产品带来的损失不仅是个人名誉的损失，也不仅是他的职业前途受到打击，更会影响他所在企业的正常生产和运营，严重的甚至会引发事故，导致自己违法犯罪而被抓。证明自己的实力，对销售员而言，最好的方式是宣传自己公司的产品，样板工程是公司产品在行业内领先的一个有力的证据。事实证明，客户在调查和了解销售人员、公司产品的样板工程后，如果证实使用效果确实不错，确实帮助使用者提高了工作效率，节约了成本，那么他就会信任你。

五、我不是最好的，但我是最适合你的。正如在招投标采购中，评标人员会在中标厂家的评分中去掉一个最高价，去掉一个最低价，再选择一个性价比最高的投标方案中标。在日常买东西的时候，客户一般都不会买最贵的，也不会买最便宜的。一些调查数据显示，很多餐馆次高价的红酒最好卖，为什么？因为次高价可以证明价值、身份，同时可以降低被宰的风险。去掉最贵的和最便宜的，这就是客户可以采购的范围。

在销售实战中，质量、技术、品牌最好的产品往往是最贵的，客户一般不愿选择；而最便宜的产品，客户认为其质量、技术都缺乏信任度，也不会选择。所以在实际工作中，并不需要产品的功能面面俱到，但也不能做最差的，只要证明产品是最适合客户的就够了。人生之中最好的不一定是最适合自己的，适合自己的才是最好的。人生如此，销售亦如此。

拜访客户
不知道聊什么怎么办？

　　销售员因为工作性质，总要和客户进行交谈，有交谈才会有交流，有了交流才会形成好的交往，形成订单，但是有时候销售员一个星期要拜访客户两三次，会感觉和客户见面后没什么可聊的，也不知道聊什么好，所以问题就来了，烦恼也跟着问题来了。

　　销售员是与人沟通的职业，没有话题销售员也要找话题和客户交流。我们无法想象，销售员和客户面对面坐着发呆不说话，然后就能签订合同。

　　在销售工作中，和客户没有话题可聊，主要发生在销售新人阶段，主要是由销售员没有做充分的拜访前准备和拜访中不主动寻找客户的兴趣点这两个原因造成的。

　　想和客户有话题可聊，只要我们在拜访前精心准备，在拜访中悉心捕捉客户信息即可。

　　那么在拜访前，我们要做哪些准备呢？

1. 客户公司情况，主要了解:

企业性质
人数（单人产值）
产值（单位产值）
组织结构
工艺、生产、商务、领导等
相关新闻、行业英雄人物、趣闻、野史
行业现状、商业模式、行业失败案例
上下游、原料自产还是外购

2. 竞争对手信息，主要了解:

用谁家，价格，销售代表姓名，与客户关系
使用的情况怎么样，满意度
出现的问题
如果要替换产品，希望有哪些优势（解决方案、质量、价格、交货期、服务）

3. 客户的期望，主要了解:

解决什么问题
降低成本
寿命
减少因阀门故障导致的非计划停产
急需

有了上述客户资讯的准备，我们即可去拜访客户展开销售活动。在和客户的实际交谈中，如同一场饭局，大家都是先喝点汤，吃点凉菜，最后才是正菜一样，我们切不可一见客户就急急忙忙介绍产品。销售员越是急着介绍产品，客户可能越是厌烦，所以，我们拜访客户，在正式的沟通内容之前，要先预热，在开场白和赞美寒暄后，迅速了解客户兴趣，根据看到的、预判的客户的可能兴趣点，尽量围绕客户的兴趣点去谈客户感兴趣的话题，从而和客户建立良好的沟通氛围，而后再去和客户沟通我们的产品或服务。

具体的交谈流程设计，可以是：

1. 开场白

第一次见客户用最简单的话介绍自己。如，我是上海宝山水泵厂销售员倪建伟。介绍自己的时候一定不要带"小"这个字。在实际工作中，销售员介绍自己的时候往往带个"小"字，比如我是某某公司的小张、小王等，你去见客户出口带个小，无形中就自我矮化了，把自己放在一个卑下的位置，这样会助长客户轻慢你的心理，更容易受到客户的打压和轻视。

2. 寒暄

介绍完自己后，要和客户寒暄几句。比如，你对客户说，哇，张工，你的面相很好，让人一见就有亲近的心理。常见的寒暄以赞美为主，比如夸客户年轻有为、女士气质高雅、年龄大的人精神饱满等。赞美能让客户舒坦和愉快，然后借着客户愉快的心情，去打探客户的半隐私资讯，比如对方是哪里人、哪个学校毕业、爱好什么、家庭住址等，然后再从这些资料里找出共同话题进行沟通。

3. 沟通

和客户寒暄和找共同点的时候，时间不要太长，控制在 3~5 分钟即可，毕竟我们是做销售的，拜访客户是有拜访目的的，还是要把话题控制在我们的产品、客户的需求、我们的产品如何更好地满足客户的需求上来。一旦谈及产品，基本上就是正式的产品技术或商务沟通了。在和客户的沟通中要牢记销售交流黄金定律"一听二问三说"，尽可能地多问几个问题，彻底了解客户的需求。销售员自己要少说话，把舞台留给客户，让客户多说，自己注重聆听即可。

销售员一定要注意在交谈中对"问客户问题"的重视，客户的需求，往往是在我们不断询问后才获得的，我们不问，一般情况下，客户是不会主动和销售员说的。

4. 收尾

销售员的拜访要有礼有节，有进有退。我们很有礼貌地接近客户，那么也必须有礼貌、有技巧地结束这次拜访。很多销售员很重视如何与客户开场，但很少留意如何向客户告辞。这往往会让自己的拜访虎头蛇尾，功亏一篑。

在拜访完客户后，一定要真诚有礼貌地向客户告辞，表达对客户抽时间接待自己的感激，表示和客户的交谈让自己学到了很多。

具体的做法往往是向客户告辞，走出客户办公室后在 10 分钟内，给客户发个短信，说："非常感谢您的接待，和您交流相见恨晚，很多观点让我茅塞顿开，学习到很多东西，真诚地邀请您在方便的时候去我们公司考察。"

销售员做了拜访前的准备，也设计了自己拜访客户交谈的流程，但只有这些还不够。我们还要明白，在拜访交谈的过程中，谈话内容是变化的，所以我们要悉心聆听和观察，还要把握客户当时的心态和欲望，进行有针对性的交流，这样才能每次去见客户都有不同的话题和更好的沟通效果。

有一次，我拜访一位煤矿集团的矿长，发现他的桌子上放着一瓶冬虫夏草，而他正在用冬虫夏草泡茶喝，于是，我装作不认识冬虫夏草，问这位矿长：

领导，这是什么啊，很奇怪的茶？

矿长说，这是冬虫夏草。

我又问，冬虫夏草不是煲汤吃的吗，怎么还可以泡茶？

矿长于是耐心地为我普及冬虫夏草知识。

你看，工作中只要留心观察，随便一问，满满的都是话题。如谈客户正在做的事情，就很容易激发客户的交谈兴趣，因为客户会有很多得意的、自豪的事情想让其他人知道，但是又不能主动去告诉他人，显得他爱炫耀。但是炫耀的心是每个人都有的，所以销售员要留心观察，抛个问话，或许就可以打开客户的话匣子，让他们讲自己得意的、值得炫耀的事情。客户会从炫耀中得到快感、得到愉悦，从而更喜欢和我们交流。

每次拜访完客户，从客户公司出来，马上做记录，记下谈论话题、所提问题、新发现，客户心情好坏、客户特点、衣服款式等内容。

在某次拜访中发现客户喜欢炒股，回来上网搜索一些股票知识，下次去拜访客户时，现学现卖：

　　领导，现在上海股指都到某某点了，这样的高位，我怕有风险，你看我能不能把手里的某某股票给抛了？

　　也许话音刚落地，客户的共鸣就来了，每个人都喜欢谈自己喜欢的事情。

　　客户喜欢军事，送一本军事的书，客户一般会收，因为人都喜欢收集自己喜欢的事物，这比请客吃饭管用很多……

　　拜访客户，销售人员别做"铁屁股"，往那儿一坐，不动如山，然后就是拉着客户聊天。这样的聊天死板且无多大效果，销售员要多走动，还要刻意用眼睛观察。春天带一盒茶叶请大家尝尝鲜，夏天买一大盒冰激凌给客户解暑，这样的小恩小惠搞个几次，客户和你的关系就好得比亲兄弟还好。

　　拜访中，看见客户喝的是红茶，下次拜访带上一小盒祁门红茶，说朋友送给自己家老爷子的，被你偷偷地拿了出来，带给客户鉴赏鉴赏味道如何。言语诙谐有趣，客户往往就收下了。趁着客户高兴，随便说说我们的产品在其他客户那边运行得非常不错，客户都亲笔写了表扬信，这样用语言稍微刺激刺激客户神经，然后话题一转再说其他……

　　其实，拜访客户和客户交谈跟在游戏里最无聊的打怪升级一样，要一遍又一遍进行，表面看每一次拜访客户效果不明显，但什么事情能经得住持续？读书百遍其义自见，拜访客户次数多了，和客户的感情自然就处出来了。

　　俗话说，远亲不如近邻。客户经常看见我们，他会习惯我们的存在，他内心会有一个条件反射："这家伙，虽然产品不怎么样、销售方法愚笨，但还挺重视我们的,天天没事就来骚扰我们,虽然烦人,但起码对我们还算是上心。"OK,好感由此而生。

事实上,确实是日久见人心。我们销售员不要在意对客户拜访时一次谈话的成功与否,而要尽量持续地拜访。因为持续地拜访,容易形成客户对我们的依赖。而一旦客户对我们产生依赖,他们就不想我们离去,而要让我们不离去,唯有把订单给我们。

如何获得
优先提拔

电影《妖猫传》有个耐人寻味的场景，在"极乐之宴"登场的李白狂放不羁，受尽重视，高力士帮他脱靴，贵妃为他磨墨，可以说是享受到了皇帝般的待遇，电影里高力士也说，自己只为皇帝脱鞋。但李白就是李白，渴望世俗的成功，但内心实为出世之人，并不特别在意世俗的约束。

李白受命写诗，诗成，杨贵妃非常喜爱，赞美不休。高力士问皇帝该给写诗的李白何种奖赏，结果大出所有人意料的是，皇帝居然说："重赏，让他明天就离开长安，永远不许再回来。"

就这样，李白一生与大唐的仕途无缘了。

这就非常耐人寻味了。

李白作为唯一受邀写诗的诗人，备受重视，受命写诗，诗写成了，也广受好评，本该按功领赏，却被领导赶出朝廷小圈子，并不再用他。这是何故？

这样典型的被重视但不被重用的事情在生活里也比比皆是，问题出在哪里呢？

同李白有相同遭遇的，还有三国时期的杨修。杨修聪明至极，因识破并说破曹操的鸡肋军令而被曹操以动摇军心之罪名杀掉。由此可见，即使才华出众、受人敬仰，但不知道进退轻重的话，也得不到重用，甚至会为自己招来杀身之祸。

从李白、杨修的事中我们可以看出，**想获得提拔的第一点是：要懂得进退，不能锋芒毕露而不懂藏拙。**

俗话说，枪打出头鸟。我们有才华也要懂得内敛，我们要知道进退，知道事情的轻重缓急，该展示自己的时候展示，该妥协的时候妥协。那么，因才华而被重视，因知进退而被重用，就是理所当然的事情了。

试想，以诗仙李白的才华，仕途日升三级应该不是难事，但是却没有。反观历史上的宋朝太尉高俅，本来只是一个混日子的小混混，但凭借会蹴鞠和善于阿谀奉承，深受宋徽宗的重视和重用，竟混了个太尉的官位。

想获得提拔的第二点是：对公司、工作、老板忠诚。

古代用干部的标准是德才兼备，以德为主。所谓的德，大的方面说的是仁，具体到实际就是对领导的忠心。现代的人事管理制度，对用干部的标准也是：

有意愿有能力的重点使用。

有意愿无能力的培训使用。

无意愿有能力的监督使用。

无意愿无能力的不再使用。

这个意愿从企业管理的角度说，其实就是员工对公司、对领导、对工作的忠诚。

在职场也有"剩者为王"的说法，剩下来的，留在公司不跳槽离职的，从某种意义上说，是对公司、对老板最忠诚的。这些人虽然通常没太大能力，但对公司、对老板忠诚，老板用起来放心，所以得到提拔也是正常的事情。

我以前培训过的江苏一家生产过滤器的公司，其中层干部、各部门经理全部是这个老板创业时期的老人。我还培训过北京一家生产热计量表的公司，其在全国 15 个外省办事处中有 14 个领导者是公司创业时期的老销售员，只有一个是空降的职业经理人。

忠诚还表现在，不管你喜不喜欢领导，愿不愿意看他脸色，一定要给予他充分的尊重，早请示晚汇报，经常表达出你对公司和领导的忠诚。

当然，忠于公司、忠于领导不等于委屈做人，不等于牺牲自己的尊严做人。我们可以有一万种理由讨厌公司、讨厌老板，但表现出来的一定是尊重、忠诚，这是职业素养，这是干一行爱一行，做一天和尚必须撞好一天钟。

另外，需要记住的一点是：忠于公司、忠于领导不是害怕领导，不是做个唯唯诺诺的弱者。职场不相信眼泪，弱者只能是领导揉捏和欺负的对象，不会给你足够的尊重，在领导眼中，你的提拔也是可有可无的事。

想获得提拔的第三点是：有解决问题的能力。

大家聚在一起毕竟是为了一个共同的大目标而来的。而大的目标在实现的过程中，一定会有这样那样的问题，庸者下，能者上，一个人解决问题的能力越大，就越有机会获得提拔。

曾国藩是湖南人，李鸿章是安徽人，李鸿章在曾国藩手下当差，当时曾国藩的团队人才济济，但为何最后曾国藩却独力提拔、重用李鸿章，让李鸿章成为一代名相呢？

最初的原因不过是李鸿章解决了曾国藩的一个难题而已。

咸丰十年，也就是 1860 年，8 月，英法联军攻占天津，直逼京师。咸丰皇帝留下六弟恭亲王在京应付洋兵，自己携一大群亲信和后妃逃往热河行宫。半途中，咸丰皇帝下了一道圣旨给曾国藩，命他速派鲍超所指挥的霆军北上救援。

鲍超是湘军中的一员悍将，他指挥的部队被称为霆军。霆军的战斗力较强，曾国藩不想让它离开与太平军交手的战场，但圣命又不可违。曾国藩召集幕僚们商讨此事。大多数幕僚主张服从命令派霆军北上，也有少部分认为将在外君命有所不受，军情紧急，不能发兵。唯独李鸿章一人提出了一个新方案。

他说，眼下的局势，即便霆军迅速北上，也无济于事，洋人入都，并不是要推翻朝廷，不过是索取钱财和放开经商限制而已，最后的结局必定是金帛议和，无伤大局。我们不妨采取拖延的办法来对付。过两天上一道奏折，说鲍超威望不够，需另请他人率军北上。估计奏折到达热河时，已不再需要湘军了。

这的确是个好主意。果然，朝廷很快便有新的命令下来：和议已成，无须北上。

既未违抗圣旨，又没有影响战事，两全其美，这全得力于李鸿章的好点子。这件事情的完美解决让曾国藩开始把李鸿章放在眼里，一个领导把下属放在眼里，下一步就是重用提拔了。

人生在世，沉沉浮浮，尽人事，听天命，我们既然来到了这个世界，就要尽自己的最大努力，让自己离权、名、利这些好东西更近些，而获得领导的提拔是实现更进一步的关键所在，所以一定要记住"有能力，知进退，表忠心"这三点。这三点不可不学，不可不用。

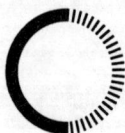

快速让客户
信任你的 4 项修炼

在商业中，信任是一切的基础，没有信任就没有成交。某机构调查结果显示：70% 的消费者购买决定的做出是信任销售员，20% 是因为售后有保证，10% 的原因是商品合适。

可见，信任是促成交易的关键。那么，销售员应该如何在短期内与客户建立信任呢？就是我常说的做客户关系的 4 项修炼。

第 1 项修炼：把自己变成客户的"自己人"。

西奥迪尼的《先发影响力》中说，我们改变他人的能力，往往以彼此间的私人关系为基础，这种关系造就了应用先发影响力获得顺从的背景。

什么类型的关系能在人与人的交往中为自己带来最大化的优惠待遇呢？答案就是成为对方的"自己人"。但是人与人的交往都带有自我保护的排他性，要怎么才能快速成为对方的自己人呢？

如果留心生活你就会发现，我们都喜欢自己所喜欢的，听自己喜欢听的话，做自己喜欢做的事，对那些自己不喜欢的，我们就会冷淡、轻视、逃避，甚至带有敌意。所以，我们想得到他人的信任，就必须从他人的喜好入手，说他喜欢的话，做他喜欢我们去做的事情，穿他所欣赏的衣服。如果我们所穿、所说、所做，皆是客户期待的，是客户欣赏的，就在客户心目中树立了自己人的形象，那么，我们就建立了"我们就是客户最需要的人、最佳的供应商"的形象。这个形象一旦建立，就形成了信任度。

我以前拜访创维集团的某位老总，聊天的时候，发现客户老总穿的 T 恤是 JEEP 品牌的，我就给客户老总看我的牛仔裤的商标，也是 JEEP，然后我又给客户老总看我穿的鞋鞋底的 logo，又是 JEEP 品牌的。

客户老总哈哈一笑，原来我和他都喜欢 JEEP 品牌，喜欢自由自在，我和客户老总有共同的价值观，自然就形成了信任关系，如同佛教徒遇见佛教徒天然具备信任度一样。有了共同的价值观，生意就由可以谈一谈变成必须合作。

第 2 项修炼：表现专业，成为行业专家

当你去医院看病时，你会无条件信任为你看病的你不认识的那个医生。当你去理发时，你会信任那个拿着锋利的剪刀在你头上挥舞的理发师。你的信任，是信任他是专业的，信任他是他这行的专家，能解决你的问题。

所以，我们销售人员也必须是自己行业的专家，具备本行业的丰富的知识，并且这知识确实能帮客户解决问题。销售人员在与客户交流时，客户通过判断我们对产品的了解度，来判断我们销售人员的能力。如果我们展示的是行业专家水准，那无疑就赢得了客户对你的信任，客户会因信任而支持我们，我们就在销售的交易中占据领先位置。

第 3 项修炼：呈现高价值，释放受众无法抗拒的诱惑

2017 年年底，我在深圳开了一家销售咨询公司，对客户提供营销咨询业务。公司开展业务在 10 月份，一般而言，公司在年底都会召开全体销售人员大会，对公司销售人员进行培训和一年工作的总结，而销售培训也是我公司的业务方向之一，所以我就思考，如何在年底针对深圳的企业进行一场销售培训，也算是公司业务开门红。有次偶然的机会，我认识了一个销售人员，他是深圳某安防设备公司的销售员，我问他，他们公司有没有培训，他说没有，我又问今年你们的业绩和去年比如何？

他说比去年还差点，今年的大环境不好。

我说，哦，你方便的时候把我引荐给你们董事长，方便吗？

他说可以试一试。

这名销售员帮我约他的老板，他的老板也愿意和我交流下，在拜访前，我在思考：假设我是这家安防公司的董事长，我最关心什么？我担忧什么？

我想了差不多 7 个问题，都是这家公司董事长要面临的痛点，比如，公司发展需要钱，自己公司储备的钱可能不够；公司的销售队伍的凝聚力不足、士气不太高昂；公司缺乏成体系、能赢单的营销管理方法，等等。最后，我把问题差不多精简到 5 个。

做了这些事前准备之后，我就去拜访这家安防公司的董事长。寒暄之后，我采用类比法的谈话技巧，告诉这家公司的董事长，我去年给江苏一家公司做销售咨询业务，这家江苏企业和安防公司的现状有很多共同点，都需要进行一些专业的销售辅导，这样企业才能更好更快地发展。

我说，那家江苏企业的问题是：

　　公司想发展但是缺乏足够的资金；

　　公司销售部门销售员的士气不高；

　　公司虽然参与市场战斗多年，但是一直没形成有战斗力自循环的营销管理体系；

　　……　……

　　我把我事前思考的这位董事长应该关注的几个痛点一一说了出来。

　　仅仅发现问题是不够的，客户需要的是问题解决方案，我告诉董事长我是如何解决那家江苏企业的销售问题的。董事长听得很仔细，也问了几个细节。最后当场拍板，让我出个方案，他考虑下如何合作。

　　事实上，我们是在 2018 年 1 月形成合作的，我给他的公司做了一场专业销售培训，并且颁发了《安防经理人》的培训证书。

　　赠人玫瑰手有余香，你帮客户解决了问题，客户也一定会买你的单。我们想获得客户的信任，就必须展示自己的高价值，这个高价值就是我们确实能很好地解决客户面临的痛点。

第 4 项修炼：创造一个温馨舒适的交流环境

　　人是环境的囚徒，如果我们和他人在五星级大酒店会谈，这时你的鞋上沾满了泥巴，这可能会让你自卑，感觉不舒服。如果我们在越野，在登山，那么鞋上沾满泥巴，我们会感到自豪骄傲。同样是鞋上有泥巴这件事情，在不同的环境下给人不同的感受。

　　人的天性是追求快乐逃避痛苦，一个温馨舒适的环境会让人心情舒坦。在舒服的环境下，人因为不想破坏这种好的感觉而更容易妥协和放开自己。

　　销售是影响客户心智的工作，我们销售人员创造一个温馨舒适的环境，更容易和客户交流、建立信任。

　　快速建立信任的 4 项修炼，分别是：1. 把自己包装成客户眼中的"自己人"；2. 表现专业，成为行业专家；3. 呈现高价值，释放受众无法抗拒的诱惑；4. 创造一个温馨舒适的交流环境。

　　期待你多多练习，做个处处受客户欢迎的销售员！

打造
好人缘的关系管理

斯坦福大学研究中心曾经发布一份调查报告说："一个人赚的钱，专业知识的作用只占13%，而其余的87%则取决于人际关系。"由此可见，良好的人际关系，往往使你事半功倍。在销售领域，这更是一条真理，因为从某种程度来讲，销售就是与人打交道的工作。

拥有良好人际关系的最基本前提是：你的人缘不错，是一个受欢迎的人。你去看看那些业绩突出的销售人员，哪个不是八面玲珑、受人欢迎的人际高手；那些人缘差、不会搞人际关系的销售人员，往往混迹在销售的最底层。

那么销售人员应该如何塑造自己，让自己有个好人缘，从而更好地经营人际关系呢？

1. 打造你的个人形象，赢在良好印象

不管你承认与否，每个人只要出现在社会群体里与他人相处，就会被他

人贴上标签，比如小王是今年刚刚毕业的，这个刚刚毕业就是标签，潜在意思是刚刚毕业会很幼稚，难度大的工作就不要指望他了。

一个人一旦在圈子里被人贴了标签就很难改变别人对自己的看法。所以，标签的好坏会直接影响你的发展前途。

以前我的公司有个员工刚刚大学毕业，涉世未深，为人处世方面有很大欠缺，导致他工作做得很一般。突然有天他给我发信息说："感觉自己情商低，很难融入集体中，该如何是好？"

我当时并没有立刻给出回复，而是思考如何让他走出这样的困境。这种现象在当今社会很普遍，对新员工来说，的确需要一段时间的互动、交流、磨合、沉淀。

在一次部门季度会议后，公司安排在外聚餐，餐厅很高档，但是菜的味道一般。在饭桌上，同事们都在聊菜烧得不好吃的时候，无意中听到这位新员工说自己会做菜。大伙就随口一说："菜烧得好，有时间为大家露一手。"

聚餐之后的第二周，有个同事开了个840万的大单，其他销售人员逼着开单的销售员请客。我说最近天气不错，不如销售人员一起去野外野营，自己烧饭吃，也比饭店吃得卫生。同事们都很响应。为了让新同事融入集体，我就让这个新同事负责烧菜，这个新同事接到我让他烧菜的指令后，就和其他同事去商量想吃什么菜、什么口味的、有没有什么忌口之类的。这位新同事非常用心，野营时得到了其他同事的夸奖。

在这次野营中，因为新同事菜做得不错，同事们对他的态度有了转变，给他贴了好的标签。在之后的工作中，这位新同事也慢慢步入正轨，销售任务甚至能超额完成。

2. 打造并放大自己的核心竞争力，提升吸引力

好人缘的另一种表现就是，通过塑造和显示自身的核心竞争力，让自己不管身处何位，都能凭借自身的核心竞争力，吸引他人的关注。

从某种意义来说，核心竞争力的强弱，也直接决定了人自身吸引力的大小。比如，一个身在要位的领导，你会发现在公司中，不管是高层，还是底层员工，都对他毕恭毕敬，这是由他的位置决定的。

另一种是人格魅力，在很多技术岗位，很多老师傅虽然不是领导，但在带新人方面很用心，做事踏踏实实，这样的人也很容易赢得他人的认可。他的吸引力来源于他自身过硬的技术积累，以及待人亲近。

所以，我们看核心竞争力，其实是由两部分构成。一块是硬实力，包括你的位置、背景、资金实力；另一块则是你的软实力，你的技能，你的为人处世，都能成为你的软实力。

对很多人来说，硬实力是稀缺资源，如果不是天生就有的，只能通过长期的努力去争取，但软实力却是可以通过修炼得到的，所以你要挖掘和整理你的核心竞争力，来赢得他人的关注。

我有个粉丝小陈，是个摄影爱好者。去年在我的指导下，他面试进了一家国内有名的 IT 公司。由于他每天都会在朋友圈晒自己的摄影作品，进入公司后，他的这一技能赢得了领导和同事的关注，多次受邀作为公司大型活动的摄影负责人。后来，他联合几位同事，组建了他们公司的摄影爱好者协会，闲暇之余教其他人怎样拍摄好的作品，并每天在群里互动。通过这个组织，小陈结识了公司中各个部门的同事，得到越来越多人的认可。

事实上，每个人都有他人所不擅长的技能，在你硬实力不足的情况下，通过放大这些软实力，依然可以赢得一个不错的人缘。

3. 策划事件去打造与精准人群的关系

上面提到的好人缘，更多的是偏向公共人缘。然而，想要升迁，在职场和生活中获取更多便利，你就要通过策划一些事件，去打造与精准人群的关系，使他们愿意主动帮助你、成就你。我们称这种关系为精准人缘。

一个销售人员，除了在外要打造业绩，对内还要打造与技术部门、生产部门、人力部门等多方面的关系，帮助你在销售跟单的各方面更好地对接客户。如果你是行政人员，你就需要与你的行政领导、人力部门领导同事、总经办等多个内部部门打好交道。

打交道是让精准人群更好认识你的过程，但你不能为了做关系而做关系，而是要策划事件，让你们因为事件而产生联系，然后借助事件展示你的实力和人品。在这样的推动下，精准人缘的打造也就顺理成章，你和精准人群的黏性也能更强。

通过策划针对精准人群的事件，让我们有了一个无限展示自己的机会，借助这个机会，我们有望打造自己的精准人缘。这是高价值的玩法，很多人表面上看起来和你是没有关联的，但你多策划一些事情，说不定就能和高价值的人关联在一起。愿各位朋友多多实践，让自己拥有圈子内有标签、有身份的"好人缘"。

好人缘需要你的用心策划，我们可以从3点入手：1.打造你的个人形象，赢在良好印象。2.打造并放大自己的核心竞争力，提升吸引力。3.策划事件去打造与精准人群的关系。做到了这3点，一般就足以为自己赢得好人缘，为经营良好的人际关系打下基础。

灰度认知，
黑白决策

2018 年 4 月，魅族手机总监张佳因炮轰魅族副总裁杨柘没有能力带领魅族走出困境而被开除一事，引起自媒体一波狂潮，各种点评文章霸屏。这件事孰是孰非，我们不做探究，但有一点可以肯定：任何人如果公开指责他的上司，就早晚会被这个团队除名。

成人的世界不是小孩子的世界，小孩子的世界非黑即白，一目了然，成年人的世界黑白之间还有灰色。

所以有一句很流行的话是：灰度认知，黑白决策。那么什么是灰度认知，该如何掌握灰度为人处世法则呢？

灰度认知、黑白决策包含两层意思：对事，要一是一，二是二，黑白分明，指令清晰，按照规则制度办事；对人，要讲究灰度，人有优点也有缺点，我们不能设定一个小框框，然后一棍子打死，要对人有一定的包容度，宽容他人。

晚清名将胡林翼就是个懂得灰度为人处世法则的人。他的人生故事，可能会对你的为人处世有一些启发。

胡林翼这个人 30 岁前是花花公子，30 岁之后明白了世间事、世间法，于是他在 35 岁那年花钱买官，当上了知府。

别人买官，都是往富裕地区买，这样容易把买官的钱赚回来。但是胡林翼买官买的是贵州，这在当时是穷困之地。通过这一点我们就能看出胡林翼眼光非凡。

就如同我们做大客户销售，很多销售员想去深圳、北京、上海这些繁华之地，这些地方容易出成绩，也容易过上好日子，但是真正有抱负想成大事业的销售一定不会选择深圳、上海、北京，他一定会选择新疆、甘肃、四川、贵州这些相对来说经济落后的地区。

道理很简单，一个再优秀的人，如果去北京、上海、深圳也会觉得自己很平庸；而一个稍微有点优秀的人，去落后的地区，他会忽然发现，他的思想、他的方法在落后地区都属于顶尖的。我当年第一份工作，公司总部在上海，但是我选择外派到武汉这个城市，因为像我这样的普通小人物在十里洋场人才济济的上海很难出头，去当时还比较落后的武汉出头相对容易些。

不要和聪明人比聪明，而要和聪明人比实干，和实干的人比巧干，这样我们就建立了相对的竞争优势，胡林翼贵州买官就是这个道理。他买官去了贵州，他希望靠治理贵州的贫瘠穷困来实现他的经略之道。果不其然，到贵州不久之后，他的政绩声誉就蒸蒸日上了。

胡林翼在贵州有名了以后升任湖北巡抚，手握重兵，朝廷对他不放心，特委派满人湖广两省总督官文去做胡林翼的顶头上司，暗暗监视胡林翼。官文这个人是个纨绔子弟，为官昏庸，不善政事。

胡林翼是个牛人，想有一番作为，但他的顶头上司是个纨绔子弟、昏庸之辈，一般人和这样的上司很难相处，况且这个上司是上面专门派下来监督胡林翼的，本来就是水火不相容的关系。

但牛人总是有办法，胡林翼深谙灰度为人处世法则，让他的母亲收了官文的小妾为干女儿，又处处让利给官文，差不多每个月送给官文一万两白银供其挥霍。

胡林翼的这两招很厉害，认上司的小妾为干妹妹，这是形成干亲的类血缘关系，干妹妹就是自家人，她自然会为胡林翼说话，而每个月送一万两白银则是做人情让官文得实惠。

这两招，就把朝廷派来监督他的人安排得服服帖帖。

可能你会觉得清朝这种尔虞我诈的故事落伍了，没意义了，但我们设想一下，假设你的领导也是个昏庸之辈，你虽然优秀，有一腔热血，但你的领导偏偏对你不感兴趣，处处给你小鞋穿，你该如何应对？是放弃抵抗，跳槽离职走人？还是如魅族手机总监一样奋起反抗，结果落个自己先被开除的下场？

如果你只能想到这两种对策，说明你局限在非黑即白的思维中，没有掌握灰度为人处世法则。

2010年1月，华为公司总裁任正非在全球市场工作会议的讲话中提出了有关"灰度管理"的概念。他提出，一个领导人重要的素质是方向、节奏，他的水平就是合适的灰度。而坚定不移的正确方向来自灰度、妥协与宽容。

什么是灰度？黑和白之间是灰色，灰色的最浅色是纯白，灰色的最深色是纯黑，黑和白永远都是固定的标准，什么时候深灰一点，什么时候浅灰一点，这就是领袖要掌握的。

灰度是个新词，它其实就是中国人老生常谈的"中庸"，而不管是所谓的灰度管理，还是灰度为人处世法则，都可以理解为中庸之道。古代儒家把"中庸"当作解决人世间所有问题的核心智慧。中庸的思想并非现代人普遍理解的中立、平庸，或者是和稀泥一般的八面玲珑的处事原则，而是一种智慧的做人尺度。

灰度为人处世法则的主要原则有三条：一是慎独自修，二是忠恕宽容，三是至诚尽性。这和任正非提出的灰度管理的方向，妥协、宽容的核心思想有异曲同工之妙。

第一条原则：慎独自修

要求人们在提升自我修养的过程中，坚持自我教育、自我监督、自我约束。从企业管理的角度来看，就是通过不断地思考和抉择，选择最适合企业发展和生存的道路，即企业的使命和方向，这点应该是坚定和不可改变的。

第二条原则：忠恕宽容

要求人们将心比心、己所不欲勿施于人。在灰度管理中最重要的就是通过妥协来达到企业的均衡发展。妥协的前提是了解和理解，妥协也不是无原则地退让，对方向和原则性的问题应该是坚定不移的。妥协的内涵应该超越简单的让步，适度和理性的妥协是一种智慧，也是一种前进的方法和原则。

北宋历史上的王安石变法是一个典型的例子，变法提出了一些很好的改革措施，也符合时代的要求，以方法论的原理来看，统治阶层和普通老百姓都可以从中受益，在当时的历史背景下，这是富国强兵的一道良方。可为什么最后却还是因为大部分人的反对，偃旗息鼓，失败而终呢？主要的原因还是措施太过激进和执行过程中没有适当的把握灰度。孔子说"过犹不及"讲的就是这个道理！

第三条原则：至诚尽性

只有坚持至诚的原则，才能充分发挥自己的善性，并感化他人、发挥他人的善性；充分发挥身边万物的善性，以化育万物，达到至仁至善的理想境界。

企业灰度管理原则中坚持的协商和宽容，是以激发全体员工内心积极性和归属感为目的的。只有管理者有至诚包容之心，员工才会同心同德、齐心协力。

无论是个人还是一个团队的领导者，他总是希望能影响他人来支持自己，通过激发支持者的行动来达到自己想要实现的目标。另一方面，人都有七情六欲，都有缺点优点，我们对支持者如果采取非黑即白的态度，那么往往最终结局是两败俱伤。唯有掌握灰度为人处世法则，才能更好地将支持者为我所用。而灰度为人处世法则，做到"慎独自修、忠恕宽容、至诚尽性"这 12 个字足矣！

记住，成人世界不是非黑即白的，在工作和生活中巧妙运用灰度为人处世法则，你的人生会有不一样的高度。

实战手记

- 销售是一个零和游戏，一个订单最后只有一个赢家。
- 把销售从任务化变为常态化。
- 什么是销售？销售就是发现需求，满足需求的过程。
- 目标不是欲望，不是需求本身，目标是计划，它必须有时间限制，必须能完成。
- 控制过程，也就基本控制了结果。
- 在销售领域，端庄大方的服饰仪容意味着推销已经成功了一半。
- 当你和别人做得一样多的时候，你很难成功，要想成功，要想获得爆发式成长，就一定要比你的同事们多付出努力。
- 仅仅依靠自身，本身就有局限，更多时候是你身边的人成就了你。
- 销售无所谓对错，只有有效无效，销售这个行业最终看的是业绩。
- 在正确的时间、正确的地点以正确的行动做正确的事。
- 万事缓一缓，在拖延中冷静分析形势，找恰当的办法解决问题。
- 有意愿有能力的重点使用，有意愿无能力的培训使用，有能力无意愿的监督使用，无能力无意愿的放弃使用。
- 会要资源的销售人员，往往也更容易取得更高的业绩。

- 销售，"剩"者为王。

- 一个人解决问题的能力越强，越容易得到提拔。

- "有能力，知进退，表忠心。"

- 把自己变成客户的"自己人"。

- 人是环境的囚徒，同样的事情，在不同的环境下给人不同的感受。

- 一个人一旦在圈子里被人贴了标签就很难再改变别人对自己的看法。所以，标签的好坏会直接影响你的发展前途。

- 灰度认知，黑白决策：对事要一是一，二是二，黑白分明，指令清晰，按照规则制度办事；对人，要讲究灰度，人有优点也有缺点，我们不能设定一个小框框，然后一棍子打死。

- 不要和聪明人比聪明，要和聪明人比实干，和实干的人比巧干。

02

PART

【万能销售实战技巧】

销售就是要搞定人

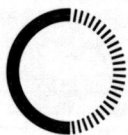

七步
推销法

销售员在整个销售过程中，从第一次拜访客户到和客户签订合同，可以分成七段，每个阶段做不同的事情，逐步去推进销售工作，这种推销产品的技巧被称为七步推销法，它和整体的销售流程是丝丝入扣、步步为营的。

七步推销法在销售过程中主要可以分成以下几个步骤：开场白，引起注意，激发兴趣，发现客户需求，激发欲望，证明满足，拍板封单。这几个步骤在销售过程中缺一不可，它是销售员和客户交流由浅入深的过程，是随着时间轴向后延伸的。我们可以一次只完成一个步骤，当技巧运用得纯熟时，也可以将几个步骤在一个步骤里就完成，而一些快消产品的销售员甚至必须将这几个步骤一次性完成，比如上门推销保险、袜子、刀、皮鞋、衣服等产品。

在销售过程中，拜访客户时交流是千变万化的，但万变不离其宗，总要有一个共同的起点，这个起点就是从销售的"开场白"开始。所以，打造一个属于自己的"开场白"是每个销售员都必须要做的基本功，有了好的"开场白"，我们基本上就成功吸引了客户的眼球，再精心设计我们的话术或动作，就能彻底地引起客户的注意。

很多年前，我在销售水泵时，曾经设定过一个标准的"开场白"。假设客户的工程师姓张，我设计的开场白是：张工，您好，我是上海××水泵的倪建伟，我们公司是全国最大的水泵公司。

说我们是全国最大的水泵公司，只是突出与其他公司的差异化，你可以说是技术最好的、质量最好的，甚至厂房面积最大的，当然这个说法也可能引起客户的反感，所以聊天的时候放在前面或放在中间描述这个差异化，需要看客户的表现而定。

说完递上名片，说：这是我的名片。在客户接到名片后，再说一句：张工您知道吗？你们隔壁的某某大厦的水泵就是采购自我们公司的。

需要注意的是，老销售员通常不会一开始就递名片，他们会先交流，等彼此认可才递名片，这样就不会出现自己的名片被丢进垃圾箱的现象。递完名片说的这句话是七步推销法中的第二步：引起注意。除了引起注意外，还可以塑造一个"标杆"后进行暗示，比如暗示隔壁楼在用，你们也可以用。说完这句话后，要有一个停顿，看第一次见面的客户对我们所说的话是如何反馈的，如果他表现得很冷淡，并不积极和我们互动，那我们继续根据七步推销法去推动我们的销售进入下一个阶段：引发兴趣。

引起客户的注意后，我们必须让客户对我们的产品产生兴趣，没有兴趣哪来的购买呢？让客户产生兴趣的话术，一般可以通过新技术、新产品、样板工程等字句去实现。

我们可以接着说：张工，我看你们修建这么高的一栋大厦，我想可能是需要水泵的，所以我就专门来找您，向您宣传一下我们的水泵新技术。说完掏出产品说明书，递给客户，并翻给他看：张工，您看，这是我们某某水泵的技术优势之一：采用最新的机械密封技术。

在话术里，一旦讲到我们有新技术、新产品等，往往会激发起客户的好奇心。因为技术人员对新产品、新技术还是很关心的，这时我们就可以顺势把销售推动到第五步：激发客户的欲望。

激发一个人的欲望，最好的方式是挖掘和放大他的痛苦，通过对痛点的描述，基本上就激发了客户想解决掉痛苦的欲望，而客户想解决自己的痛苦，唯有通过购买我们的产品。

因此在获得客户的兴趣之后，要趁热打铁，去点出客户的痛点。我们一般要陈述启发式描述痛点，这样的句式显得我们只是在客观描述一件事实，是站在公正的立场上的，具体的话术可以是这样的：

张工，您是专家，您知道水泵房一般都在地下室，过去的水泵采用的"填料密封"，而"填料密封"的国标是允许漏水的，一分钟可以滴3滴水，地下室本身就潮湿再加上水泵允许漏水，操作人员长期待在这样的环境中，得关节炎也就不可避免了。但这个问题我们公司已经能够解决，我们的泵是采用机械密封的，滴水不漏，能彻底保证地下室干净整洁，使操作人员有个好心情。

说到这里需要停顿一下，看客户的身体和语言反馈。如果他的兴致很高，则继续阐述我们水泵所采用的机械密封原理，如果话题参与度不佳，则需要更换话题。然后，一定要问一个有针对性的问题：张工，请问你们这次图纸设计的泵是采用什么形式密封的？

说完这句话，一定要等待张工的回答，在张工不回答之前，销售员千万不要开口，这是沉默法则。沉默是给对方一个压力，在这样的压力之下，谁先开口谁就输了，就好比一对夫妻闹别扭，吵架之后一般是沉默，是冷战，但是过了沉默期，总会有一个人先开口，谁先开口，就意味着谁服软了，向对方妥协了，而最后开口的人就获得了主动权。

如果张工回答的是填料密封，推销员则说：没想到设计师的信息还那么滞后，张工，您可以建议设计院修改图纸选择我们这样的泵。如果客户张工回答的是机械密封。推销员则说：太棒了！设计师对新产品掌握得不错啊，张工，您把型号给我，我给您分析一下看看是哪个型号的泵，效率是多少。

一般而言，客户如果拒绝了我们的请求，就说明我们没有打动客户的心；如果客户主动响应我们的请求，说明我们的观点以及我们个人已经获得客户的认可。

如果客户态度不好，或者比较谨慎，我们的对话就不宜围绕采购等关键问题展开，销售员可以在介绍技术特点一以后，直接进入技术特点二。销售员把说明书翻到××页，说：张工，我们的产品还有独具的特点——体积小。

销售员描述介绍一般情况，可以用 FABE 推销法来组织话术，然后指出痛点，要准备的话术是这样的：张工，现在的房屋地下室都是车位，能省下一点空间做一个车位，就能多卖钱。一般的水泵都是卧式的，占地面积非常大，而我们的泵是立式结构，占地面积非常小。这无疑为你们省下最少一个车位的面积，帮你们最少赚一个车位的钱，一个车位假设卖 10 万，购买我们的泵，最少可以帮你们赚 10 万！

销售员在介绍产品的时候，一定要多描述客户的"痛点"，何为痛点？就是行业内普遍存在的问题，让客户在使用时感到厌烦，想改变的问题。当然，在与客户面对面交流的时候也不能一味地只顾自己介绍产品，要在述说产品的过程中和客户互动，多问问客户需要了解哪方面的内容，这样才能使整个谈判过程活跃起来，拉近你和客户之间的关系。

销售员介绍完产品特点，激发客户的欲望之后，就进入了和客户交流的阶段，也就是七步推销法的第四步：发现客户需求。我们要判断客户的需求是什么，什么时候启动解决方案，这样我们就能确定客户的采购时间点，可以安排我们的拜访频率，使我们更有效率地去对这个客户展开工作。

所以在发现客户需求这个阶段，销售员要精心设计一些问题，比如下面这些问题。

问题一：张工，根据你们的施工进展，估计什么时候会开始采购水泵呢？

问题二：张工，和您交流，你的专业知识很扎实，请问您是哪个学校毕业的？

问题三：张工，听您的口音是本地人？不是本地人？

问题四：张工，你们选择水泵设备，有没有倾向？主要考虑购买国产的还是进口的？

通过询问把客户的购买时间点问出来之后，销售员就可以依据购买时间来设计拜访的节奏和频率，比如本周内采购，销售员必须每天都拜访客户；假设下周采购，那么这周最少去拜访3次。只有这样我们才能第一时间知道客户的信息变化，依据变化我们可以随时修正打单策略和方法，第一时间解决客户的问题，从而为赢单打下必要的基础。

以上吸引客户购买的流程步骤，就是七步推销法。这是销售活动中一个基本的核心技巧，是每一个销售员都应该掌握的基本技能。

市场开发的
3 个方法

有人说没有坎坷的人生不是完整的人生，没有经历过单枪匹马开发新市场的业务人员，也算不上一个完整的销售代表。没有独自一个人背着一个业务包闯荡在一个陌生的城市，没有绞尽脑汁想着市场在哪里、我该如何开拓，你就不知道悲伤和喜悦、自信和从容缘何而起，因何而灭。

销售人员一般无法自由挑选市场，他的负责区域一般依据他和销售主管的关系决定，关系好的，一般派到浙江、深圳等富裕区域，屁颠屁颠地去上任；关系差的，一般就被安排到了"老少边穷"：安徽、河南、甘肃、青海、宁夏、新疆这些销售人员口中调侃的"流放之地"。

分配销售区域，领导只问你去还是不去。

去，就走马上任。

不去，就卷铺盖走人。

分到北上广深固然容易出业绩，但分到皖甘青宁这些地方，销售人员如何困局求存，努力拼搏，争取败中求胜，获得较好业绩，争取早日入领导法眼呢？

我认为，我们最少有 3 种方法能高效开发市场，做到一鸣惊人。

第 1 种：百强企业开拓法

几乎所有的销售员都知道 20/80 法则，20% 的客户产生 80% 的业绩，想最快提高业绩的有效途径之一就是寻找适合自己产品的大客户，然后聚焦在大客户上，集中全力去攻打这个市场，一旦成功，短时间就业绩猛增、功成名就。我从 20 世纪 90 年代开发市场起就一直遵循开发市场先找当地的前 50 强、100 强企业的原则，因为这些被当地政府排名前 50 强、100 强的企业，一定是纳税大户，遵纪守法，经济规模、经济效益都很好，否则也不会被评为当地 50 强、100 强企业。这类企业无论是采购量还是付款能力，都是我们的上上之选。

这个百强客户开拓法在保险公司做团体险销售的时候也是经常用的开拓市场的方法，具体做法是首先搜索出本地的百强企业，然后每一家百强企业都上门拜访一次，主要是对对方今年内有没有需求的调查，全部都拜访完一遍之后，把那些没有需求的剔除掉，然后专门跑今年有需求的企业。

这个原理是 20% 的客户产生 80% 的业绩，而百强企业就是最好的 20% 的客户，所以优先开发这些企业。

第 2 种：行业协会借力法

有个成语叫提纲挈领，形容做事要抓住事情的关键和要害，这样做事情就事半功倍，我们销售人员去开发市场也要如此。我们的客户无论是什么类型的企业，都有政府的职能部门或行业协会对其的领导和帮助，比如做厨房设备的有厨电协会，打网球的有网球协会。我们销售人员的主要客户如果聚集在某个行业，我们则可以通过政府职能部门或行业协会去收集行业客户信息和对下属的会员进行转介绍。

我公司的客户群有一部分是安防类企业，我就加入了深圳安防协会。进入安防协会后，我向协会的会长介绍了我公司的产品和想与其他的安防企业对接工作的想法。

协会会长在充分了解了我公司和公司的产品后，觉得我公司的产品确实有独到之处，就在安防协会内部帮我发出联系函和通知，进行供需双方的对接转介绍。深圳安防协会下属会员达 280 个单位，那么基本上意味着，我可以和协会下属的 280 家客户进行供需宣传。由于是协会的转介绍，基本上打消了成员单位对我公司产品的不信任，因为假设公司的产品不过关，协会是不可能推荐的。

有了协会的信任背书和推荐，公司一下子就在其下属的 280 个会员单位中推广开来，这大大提高了工作效率，如果不通过协会转介绍，而是派销售人员去每家每户地上门拜访，这 280 家遍布全国各地的安防协会下属会员单位，最少要花费员工工资和差旅费 100 万和一年的时间才能做到。

所以，开发新市场，通过行业协会的转介绍实乃一个有效好用且省钱的办法。

第 3 种：上下游产品销售同行转介绍法

一只蚊子，它可以一天时间内从广州飞到北京吗？

相信你一定会说：怎么可能呢！蚊子的飞行速度和精力是有限的，别说一天时间从广州飞到北京，它一天时间从广州城南飞到城北都不可能。

但是，实际上，让一只蚊子一天时间内从广州飞到北京是可以做到的！

只要把蚊子放在广州到北京的高铁上，那么一只蚊子就可以轻松愉快地从广州飞到北京了。

一只苍蝇附在千里马屁股之上，就可以很快到达千里之外，我们销售员开发新市场，也要学会借助他人的力量。

我以前从事水泵销售，在跑业务的时候遇到不少做阀门和中央空调的销售员，和他们熟悉之后，虽然我们企业不同、行业不同，但是目标客户群却是一样的，跑的都是同一个客户群，所以，在关系熟悉之后，就可以和他们进行信息共享、联合打单。

比如，我以前在武汉销售水泵时，认识日本三洋空调武汉办事处主任，中央空调的采购期在水泵之前，而且我们水泵和中央空调在业主这里找的对接部门和人都是一样的，所以和这位主任混熟悉之后，我有什么新的工程客户信息就告诉他，而他每搞定一个客户，也往往把我介绍给甲方，甲方看在他的面子上，对我也是格外照顾，经常兵不血刃就拿到订单。

开发新市场，我建议巧干，不要蛮干，我们用百强客户开拓法、行业协会借力法和产品上下游销售同行转介绍这3种方法，三管齐下，一下子就把新市场的局面打开了。

客户开发的
6个方法

　　曾经有很多做销售的朋友问我同一个问题："如何快速开发自己的客户群？"他们之所以会问这个问题，是因为寻找到最适合自己的目标客户是从事销售的工作人员基本的岗位要求之一，潜在目标客户寻找是否精准、快速，直接影响到销售人员能否在最短时间内最快出业绩。在回答这个问题之前，我先讲一个案例。

　　我曾经带过一个销售团队，里面有一个刚刚毕业的大学生，一般来说新人开单会比较困难，因为没有客户资源。但是他才上岗4天，就签订了一份污水泵的供销合同，原因就在于他很善于寻找潜在的目标客户。当时我们的目标客户是设计院，他上岗第二天就去拜访了湖北省的一家设计院。当时设计院正好有一个正在设计的项目需要采购污水泵，设计师就把对方联系人电话给了他，因为污水泵的合同也不大，只有3万多元，对方看他还是设计院的设计师介绍来的，就让直接报价，然后签订了合同。

　　善于寻找潜在目标客户，这是优秀销售员必备的素养。拿我个人举例来说，因为我主要从事的是项目型大客户销售，一般周期都特别长，短的需要半年，长的甚至几年才能签订一单。但是，无论我的工作如何调动，销售区域如何转换，甚至去一个新公司，去开发一个新的区域市场，我也总是能在第一个月就签订采购合同，这是因为我能快速地寻找到适合自己公司产品的目标客户。

那么，快速找到适合自己的客户群，有哪些好的方法呢？我认为有 6 种方法是销售人员应该掌握的。

第 1 种方法：直接开发客户法

直接拜访陌生客户在销售界称为"扫街"，这种拜访客户的方法也叫"扫荡法"，遵循的原则是先难后易、先远后近。比如一个销售保险的销售员去开发一栋写字楼的客户，一般都是从楼顶的客户开始一层层地向下挨个去开发，千万不能从写字楼的最底层开始向上一层层地开发客户，因为销售工作容易被拒绝，当我们被拒绝的时候难免情绪低落，所以从底层向上开发客户，往往会因为遭受太多的拒绝而心灰意懒，以至于爬不动楼。相反，从高处到低处就显得容易些，从而强迫自己即使遭受再多的挫折都要把一栋楼的客户拜访完。如果这样训练自己，最多一个星期，你的内心就变得无比坚强、不畏惧未来。

这种方法虽然看起来笨拙，却蕴含着"二八法则"，在你拜访的所有客户中，平均会有 20% 的潜在客户对你所推销的产品感兴趣，在这些人群中，有一定比例的潜在客户会购买你的产品。

在这个方法中，目标客户并不是事先选定的、已经联系好的，而是选择一个特定的群体，然后一个一个地去拜访这个群体的所有成员，拜访的客户越多越好。这个方法是所有销售员的基本功，它不仅能给你带来业绩，还能让你加深对社会、对客户、对人性的理解，为自己的未来打下深厚的基础。

第 2 种方法：无限连锁法

无限连锁法也叫客户转介绍法，销售人员通过询问自己的客户，请他们帮助自己提供一些潜在客户的姓名和所在单位，这个方法几乎可以无止境地获得客户。

需要注意的是，由于中国人的性格比较内敛，很多销售人员不太敢向客户提出转介绍客户的要求，从而导致这个很好的开拓客户的方法很少被新销售员运用在实战中。但是，老的销售员均知道这个方法的价值，甚至很多老销售的客户开拓和业绩完成，都是靠客户转介绍客户来完成的。比如很多做大客户销售的，在后期的销售生涯自己几乎都不怎么开发客户，其客户基本上都来自老客户的转介绍。

无限连锁法开发客户的精髓在于敢向客户提出转介绍客户的要求，你的请求不一定会被接受，但是你不提出自己的想法和请求，则永远都没机会。所以，很多新销售人员想要更好地训练自己，就必须破除怕拒绝、担心给客户带去困扰的心魔，让自己变得更主动一些。

第 3 种方法：协会、社群渗入法

协会、社群渗入法开发客户的精髓是通过一个组织，或者销售员自己组织兴趣爱好都一致的潜在客户聚在一起，然后做精准营销。

对某些产品和服务而言，其所属行业协会或社群组织往往是潜在客户的

最佳来源。比如我以前做水泵销售，而水泵属于给排水设备，当时国内有个比较大的组织叫给排水协会，这个协会在每个省都设有分会，分会的成员不仅有各种给排水设备的生产厂商，更有使用给排水设备的客户。因此，即使我不是给排水协会的成员，也可以通过拜访给排水分会，向其索取给排水协会的成员名单，从而获得精准的潜在客户名单。同样，做电力设备的有电力协会，做显示器的有商业显示器协会，销售人员在开发新市场寻找新客户的时候，都可以通过这些行业协会来寻找开发自己的客户。

另外，一些销售红酒的销售员，其开发客户往往会在以家庭、办公室或社群聚会时，由销售员提供各种酒品让聚会的人免费试饮，或当场销售。这些都是通过协会、社群渗入法，来获得潜在客户。

第 4 种方法：互联网 + 官网法

现在是互联网 + 的时代，互联网已经影响到社会的各个层面。传统企业拥抱网络，互联网企业走到线下，新老交替，各种各样的信息都可以在互联网上查询到，包括我们的客户信息，在企业的官方网站或主管部门网站都可以查询得到。

比如水泵一般在新建的工程项目中使用得多，而新建的工程涉及的主管部门至少有两个，一个是当地建设管理局，一个是当地环保局。一般情况下，新建、改建、扩建项目都必须到建管局和环保局备案，而建管局和环保局的官方网站会有项目公示这个栏目，所以，用心的销售员登录到当地的建管局或环保局官方网站即可精准地了解到最近的新建项目信息。

通过互联网 + 官网法不仅可以快速精准地获得新客户资源，熟练使用互联网 + 官网法还可以帮你增加对客户的了解，让你在拜访客户时如虎添翼。

比如，我在做销售时曾拜访过山东省某热电厂的总工程师，洽谈汽轮机的节能改造项目。在拜访这个客户之前，我在网上搜索了这个热电厂的相关信息，也搜索出这个总工程师在《中国电力》上发表的一篇关于电厂节能的论文，了解了这些，我已经做到心中有数。

在具体的拜访中，我表达出自己对总工程师的学识敬佩有加，他发表的那篇论文，为我们公司的节能产品提供了许多以前没想到的思路，所以这次来拜访他，首先是表达感谢。

总工程师看我关注过他写的论文，并表达了论文对企业的发展有指导作用，自然很高兴也很自豪。在他的眼中，我也从一个卖产品的销售人员转变成一个可以做技术交流的朋友，我们越谈越投机，最后他把汽轮机的工程师也叫到他的办公室，把我介绍给他，并让他带我去汽轮机现场测量数据。

可以说，每一个人都会为自己曾经获得的荣誉感到自豪，也都想让更多的人知道，如果销售人员能在拜访客户前有意去收集这些信息，然后把这些信息融入和客户的交谈中，势必能引起客户谈话的欲望，从而创造一个和谐愉快的交流环境，为我们拜访客户的目标落实奠定基础。

利用互联网为销售工作找到切入点应该是销售人员一个必备的思维，比如你想去拜访一个待开发客户，但是客户公司的大门很难进，不提具体工作人员的名字，保安是不会让你进的。这时你就可以搜索这个客户所在公司的官方网站，那里会有这个公司工作人员的一些信息，比如人力资源部门的相关信息。有了这些信息，你就可以对保安说，我是找人力部的×××的，等进入客户公司再去找和销售相关的采购部、技术部的工作人员。

总之，在互联网时代，我们的思维不能死板，要随机应变，充分利用好互联网这个工具，为我们的销售工作锦上添花。

第 5 种方法：展览会法

销售人员闲暇的时候应该多留意行业内的大型展览会、技术交流会、行业年会等，尽量想办法去参加这些聚会，因为参加这些行业会议的人都是行业内的专业人士，基本上和销售都有关联。参加这些聚会不仅能发现潜在客户，更能积攒自己的人脉，为未来做一些铺垫。

比如我做水泵销售时，就经常参加亚洲给排水设备展览会，在会上认识了某个厂家来参展的营销总监。在后来的一次做单过程中，紧急需要一个陪标的生产厂家，我就联系这个营销总监，询问他能不能帮这个忙，他马上就安排分公司的人协助我，解决了我的燃眉之急。

我在 2012 年一个给排水协会周年庆典的活动上，遇到一件很有意思的事情。有一个从事塑料管子销售的销售员不请自来，自费买门票参加庆典，逢人就发名片。一个来开会的董事长了解情况后，觉得他是一个非常努力的销售员，而自己的公司恰好需要一个南京地区的区域销售总监，于是会后竟然把这个销售员挖到自己公司当南京区域销售总监了。

由此可见，机会不在家里，不在办公室里，而是在行业内人才聚集和流动的地方，销售人员只有多出现在这些场合，机会才能比别人多一些。

第 6 种方法：竞争对手绑定法

在商业竞争中，说服或诱使竞争对手把他的客户信息资料给你，也是获取客户资源的一条捷径，因为我们和竞争对手的目标客户群是一致的、相同的。

让竞争对手发客户信息或把客户的采购合同转给我们，在行业内叫"飞单"，这在销售界是一件经常发生的事情，虽然这个手法有些上不得台面，但是在利益的诱使下，还是有不少竞争对手会铤而走险。当然，如果你觉得诱使竞争对手把客户转介给你有点违背道德，那你还可以从竞争对手的客户下手，这也是开发客户的好途径。

比如，在做销售培训课程的推广时，我就可以参加其他公司组织的企业高级管理培训或总裁班培训之类的课程，这些报名学习课程的学员大部分都是企业的老板或高管，有对其所在公司的销售部门的销售培训的建议权和知情权，所以，我可以通过参加这些培训课程去结识潜在的目标客户。

以上就是开发客户的 6 种方法，销售是个斗智斗勇的工作，销售人员除了埋头苦干之外，也需要抬头看天，用智慧去销售。只有这样，我们才能比那些不动脑子，只知道埋头苦干的销售员领先一步，夺得先机。

创造销售机会的
4 种打法

在销售中，不管处在劣势还是优势，我们都希望自己能创造机会、抓住机会，从而一剑封喉，赢得订单。

想法虽好，但如何能创造机会，如何抓住机会，很多年轻的销售员百思不得其解，只靠自己本能去蛮干。譬如，我手下的一个销售员去拜访一个客户，这个客户眼看就去订竞争对手的产品，在这个关头，我公司的销售员决定孤注一掷，申请了1万元人民币给这个客户送去。客户不收，他硬送，结果被客户从办公室的窗口给扔了出去，钱撒满窗外的绿化带，场面十分尴尬，最后这个小伙子也没实现他的目标。

前几天还有个销售水泵的女生向我咨询解决办法，她说她去拜访一家化工厂的客户，找的是董事长，但是董事长见她3次，态度都很烦躁，极其不友善，就差直接叫她滚蛋了。这位女销售问，这种情况下怎么开展下一步的工作呢？

商场如战场，战场的基本之策无非是以正合，以奇胜，这个战场规律其实也是我们的商场规律。对待客户，我们的宗旨是：做好那些不能改变的事情，有勇气去主动改变那些可以改变的事情。做好这两点，基本上我们就实现了以正合，以奇胜了。

销售中，产品如何，企业如何，是销售员不能改变的，所以销售员要把这个不能改变的产品和企业相关信息，尽自己最大的努力去美化，且让客户相信。要多宣传我们的好，一句话重复1000遍别人就一定记住了。所以，对不能改变的企业、产品的硬性环境，我们销售人员要美化和不断宣传，从而引导客户去信任。

对那些可以改变的事情，比如客户对我们的态度，我们对客户的态度，客户对我们的评价，客户和我们销售员的关系的亲密程度，这些商业成交要素，是可改变的，我们销售人员对这些可以改变的因素一定要主动、积极、想办法。

比如，同样3个不同厂家的水泵销售人员去拜访一家水务公司，销售员A想，我要是能见到水务公司的局长，恰当地表现一下自己的价值，获得局长的赞赏，那生意就容易成交了。

竞争对手销售员B也是这样的，但是他主动了一点，他去打探局长的上下班时间，在局长早晨刚刚进办公室的时候遇到局长，向局长介绍产品，争取获得好感，有利于生意成交。

竞争对手C更进一步，他通过水务公司的工作人员，问清了局长的老家在什么地方，喜欢什么，不喜欢什么，是什么性格，一般什么时间点来公司。了解相关信息后，他又精心准备了简单且让人印象深刻的开场白，在一次确信局长一定在的情况下，他提前到局长的老家，买了局长念念不忘、他小时候特别喜欢吃的水萝卜。他提着这十来元钱买的半蛇皮口袋水萝卜去见局长，局长收下了，他也顺利拿到了这个订单。

像C这样销售员主动出击，拿下订单的案例比比皆是。

庸人等待机会，能人善抓机会，成功者主动创造机会。创造机会不是自己想当然，不是蛮干，创造机会要分析自己，分析竞争者，分析客户。在确定自己与客户所处的相对位置后，才能发现自己的主张和客户的要求之间有多大差距，该如何找办法去填补差距。

一般而言，我们创造机会，主要看不变的产品和可变的客户关系这两个生意成交的要素。

第1种情况是：我方的产品好，客户关系也好

在这样的条件下，我方创造机会的点在于卡位。

客户关系好意味着客户认同我们的销售员的做法，我方产品好意味着我方的产品比竞争对手的产品有更大的竞争力。

在这样的背景下，成功倾向于我们，我们销售员创造的机会就是卡位，把位置卡住，就能顺理成章地成功。

如我方可以要求业主在招标文件的技术条款中将我公司产品特点加进去，这样招投标的时候，我方技术分是最高的，而商务分一般是拉不开差距的，我方技术分领先，于是，我方往往是招投标评分第一，轻松中标赢单。

第2种情况是：我方产品好，但客户关系较弱

在这样的条件下，产品好是我方的技术优势，客户关系不好是我方的劣势，而商战有主场优势的说法，所谓我的主场我做主，因此，我方销售要把竞争聚焦在我方的优势区域，譬如产品。

实战中，我经常采取给客户写一份《设备产品推荐函》的形式，用数据

和文字，有理有据地把我方和竞争对手的产品进行比对，得出结论——我方的产品远远优于竞争对手，这样就能轻松地把竞争的胜负点框在我方的产品优势上了。

第 3 种情况是：我方产品较弱，但客户关系很强

我们的产品弱，没有竞争对手的产品那么优秀，在竞争中我方在产品这块处于劣势，那么我方销售人员就可以利用我方和客户的关系不错的优势，让客户把采购的时间延期、拖后。

客户把采购时间延期后，我方销售员在此期间可以研究和分析竞争对手的产品优势，然后和公司的技术人员一起，把产品这块的劣势给弥补起来。

如果技术劣势能在我方的拖延战术期间有所提高，那么我方就修正了自己的弱点，产品和竞争对手的在同一起跑线，而我方客户关系又明显优于竞争对手，这样，在竞争中，我方赢单的概率就大大提高了。

第 4 种情况是：我方产品较弱，客户关系也较弱

在产品和客户关系都不利于我们的情况下，我方销售人员必须非常时期采用非常手段，用较为粗暴有效的方式去影响结果，比如我方可以采取快刀战术，速战速决。

如我方去某一个新建的大厦推销水泵，在拜访中我方发现，客户对市场品牌排名第一的某某水泵有好感，而且客户和某某水泵的销售员的关系看起来非同寻常。无论是在产品竞争力还是客户关系上，我方都明显处在劣势，没有机会，而采购时间又临近，重新开始做关系已经来不及。

那么在这种场景之下，我方销售人员就可以采取快刀战术。在参与客户组织的议标后，发现我方评分落后，即将丢标时，我方直接去找客户的董事长，然后给董事长报一个远远低于竞争对手的价格，且对董事长说：

我们的产品还不错，完全能满足你们公司的需求，价格是最低的，但是因为我们销售员来拜访晚了，所以我们没什么机会。今天我斗胆来找您，其实成败都已经无所谓了，只是来告诉您一下，你们采购的水泵是通用产品，技术品质各个厂家都差不多，所以应该选一个性价比高的厂家，而不是选择一个和采购员关系最好的厂家。

这样的快刀战术，不做任何关系，直接找拍板人，放出最低价，在实战中也往往会有奇效，做关系的竞争对手报价必然高，因为他做了关系就要另外支出费用。所以这一招，往往能吸引注重价格、注重投资回报比、对下属不太放心的拍板人的重视。往往拍板人会亲自过问此次招标，于是结果往往会最低价购买我方产品。

人生需要斗智斗勇，与其渴望机会，不如主动创造机会，而创造机会的前提是，把不变的做好，努力改变可变的。具体的创造机会的方法则是关系好产品好，我们就采取卡位战术；关系好产品不好我们就要用拖延战术，而我们产品不好、关系也不好就用快刀战术速战速决；当我们关系不好产品好的时候则可以把战斗的主场引导到我方优势区去竞争。

总之，只要你不放弃，即使在最恶劣的情况下，仍可以创造机会，创造奇迹，用智慧去销售！

客户采购
你的产品前在想什么

经常有人说，销售员都是心理学家，因为只有吃透客户心理，才能促成交易。无论你从事的是什么行业的销售，最终目标都是将产品卖给消费者，那么客户是如何做出购买的决定的呢？这就需要我们熟悉消费者采购的心理学模式，它在销售行为心理学领域中已经很成熟。

在传统消费者的购买心理中，因为没有搜索和分享的概念，它们一般需要通过以下几个心理活动来进行购买确认：当消费者需求产生后，就会去关注和搜索信息，了解产品，然后货比三家，进行备选产品的评估比对，最后确定购买哪一家产品，最终实现购买行为并获得产品使用体验。这种消费者分析模型在互联网发展还没成气候的传统销售里，确实会起到一定的作用。但是随着大数据时代的来临，这种传统的消费采购模型显然有些落伍了，因为消费者的购买行为已经发生了翻天覆地的变化。比如此时此刻，你想买一款录音笔，你会怎么做呢？

相信大多数人会进行下面几个步骤：1.先搜索一下录音笔的种类、价位和品牌。2.在想购买的店铺里看买家的第三方点评，如果差评很多，你也不会购买；如果好评多，你就购买了。3. 你也可能会去晒单，把你的购买和使用体验在网络上发布，供他人参考。

与传统的消费者购买行为相比，现在的消费者在购买时多了搜索和看评价、分享 3 个环节，于是消费者购买行为心理就变成了：引起注意→引起兴趣→进行搜索→购买行动→购买后分享这 5 个阶段。

了解了现在的消费者的购买行为心理，我们针对消费者做最终决策的时候，就能对其购买心理进行影响，就可以有的放矢、精准营销，从而让销售更加成功。

销售人员在和客户的接触中，首先要确定客户目前处在购买行为的哪一个阶段，然后针对客户所处的不同阶段针对性地对其关注的事情进行策划，获取客户的认同，从而得出我们是其最佳选择的判断。

假如客户处在第一阶段，客户仅仅是产生了需求，开始注意产品了。销售人员此时一定先不要急着向客户推销产品，而要和客户多交流，通过询问的形式，把客户真正的需求问出来，确定客户真正想要的是什么。而不是一味地向其推销产品，往往你卖的可能不是客户最想要的，从而错过签单。在这个阶段，销售员要做的是尽量给客户留下一个良好的印象，并且表现出足够的专业知识。

销售员代表了公司的形象，客户通过和销售员的交谈了解公司，所以无论这个销售员在公司地位是高还是低，都最好穿西装和衬衣，领口袖口一定要清洁平整，领带以中性颜色为好，不要太花或太暗。女销售员不要浓妆艳抹，不要戴过多的首饰，要表现出高雅大方的职场女性气质。在和客户沟通中，语言运用是很重要的，在交流中要运用热情和充满自信的语言，抑扬顿挫的表达方式会增强你所表达内容的说服力，因此在与客户交谈中要声音洪亮，避免口头禅，避免语速过慢，避免口齿不清。

销售人员除了注意服饰和语气，更应注意自身的修养，礼貌的行为会促成签单。交谈中要让客户充分表达他的想法，善于聆听客户的谈话，有助于你了解他的更多信息、更真实的想法，交谈中应以轻松自如的心态进行表达，过于紧张会减少你所提的建设性意见的分量，同时也会削弱你的说服力。

当我们和潜在客户交流时，发觉他处在购买行为的第二个阶段——有购买产品的兴趣，但不知道哪个厂家的产品是最佳的时候，可以用专业的销售说服技巧——FABE 推销法或七步推销法去说服客户，而不是靠本能的说和做，因为本能的东西受环境、心理影响太大，你发挥的时候是不稳定的，而专业的东西是长期训练的产物，是一种条件反射，能稳定地帮你实现目的。

客户听了销售员的观点和建议，哪怕对他印象再好，客户也会货比三家，去搜索一下其他品牌的产品，这样做不是客户不信任我们，而是出于"担心吃亏上当"的心理。

所以，在消费者搜索相关产品信息的阶段，不建议销售员继续对消费者进行高压说服或促销劝购之类的销售行为。因为物极必反，继续高压销售的行为可能会引发消费者的逆反心理，反而不利于签单，所以在这一阶段，销售员要继续保持热情、专业，对客户持续跟进，表达出对他的尊重和问候即可。而在企业运营的层面，一定要在互联网、移动互联网等网络阵地进行品牌宣传，争取在网上搜出来和我们相关的信息全部是正面的、积极的，这样才会给客户营造一个正面的形象，认为我们是值得信任的，产品是可以购买的。一般而言，消费者经过搜索，经过货比三家之后，最终还是会回到我们身边和我们洽谈的。

如果客户愿意和我们洽谈交易的细节，比如之前没有问的售后服务等，当这种现象出现时，就是客户向我们发出的明显想采购我们产品的信号，销售人员捕捉到这个信号后，就可以运用各类的促销手段来影响客户和我们签单。

　　当客户购买了我们的产品，销售人员要积极引导他在网络上给我们留下正面的产品评价，这样的第三方使用点评对吸引新的客户购买我们的产品有极大的促进作用。

　　说话技巧是人际关系的润滑剂，以我们平时的生活为例，一个会说话的人，通常是受欢迎的人，他的一句鼓励的话或是一句赞美的话，都可以让周围的人心情愉快、充满希望。精通说话技巧，将很容易赢得尊重和爱戴、好感和青睐、信任和友谊。对销售员来说，你的工作大部分时间都是在跟人打交道，说话技巧的重要性也就不言而喻。

　　不过，掌握好的说话技巧并不是与生俱来的，而是需要学习的，它需要你在日常工作中慢慢学习和培养。只要多注意观察，多听多学，总有一天，你就会变得在任何场合都可以从容地与人交谈。那销售员如何有针对性地提高自己的话术水平，使自己在跟客户打交道时可以游刃有余地掌控局面呢？

　　我认为，销售员想要学会让你受欢迎的说话技巧，可以从 FABE 推销法入手。FABE 推销法是台湾中兴大学商学院院长郭昆漠总结出来的。简单地说，FABE 推销法就是在找出顾客最感兴趣的产品的各种特征后，分析这一特征所产生的优点，找出这一优点能够带给顾客的利益，最后提出证据，证实该产品确实能给顾客带来这些利益。

FABE 推销法是非常典型的利益推销法，而且是非常具体、可操作性很强的利益推销法。它通过 4 个关键环节，极为巧妙地处理好了顾客关心的问题，从而顺利地实现产品的销售。

F 代表特征（Features）：指产品的特质、特性等最基本的功能；

A 代表由这特征所产生的优点（Advantages）；

B 代表这一优点能带给顾客的利益（Benefits）：商品的优势（A）带给顾客的好处；

E 代表证据（Evidence）：包括技术报告、顾客来信、报刊文章、照片、示范等。

把 FABE 这 4 个环节用通俗的语言描述，其实就是：因为……特质，从而有……功能……因此带给你……好处……你看谁谁谁都在用我们的产品……那么，在实战中，FABE 推销法是怎么得到很好的应用并产生积极效果的呢？

首先需要注意的是，FABE 推销法的 4 个关键环节是可以更换位置或任意组合的，不是一定非要用 F、A、B、E 这样的固定顺序来阐述我们的观点。

比如，美的公司宣传它的一款空调，用的主要宣传语是"每晚只用一度电"，就是典型地把 FABE 中 A 前置，因为电视广告时间一般都很短，所以美的的这款广告只是把"每晚只用一度电"的广告语连续说两遍，加深消费者的记忆，然后广告就结束了，而把 F 和 E 这两个环节放在自制的文字和视频中去爱奇艺等网络媒体进行宣传，至于带给消费者利益的 B 环节只字未提，为什么不提呢？

因为城市的家庭用电一般是五毛左右一度，这个功能导致的利益关系过于明显，所以在实际的广告里就不提利益，而只强调 A，占据消费者的心理，进行购买引导。

虽然电视广告只是侧重宣传 A，但是后期的连续宣传中，FABE 都被提到，比如带给消费者的利益这块，美的公司以街头随机采访的形式让老百姓自己说出，"每晚只用一度电""太省钱了"等。

电视广告让我们印象深刻，即使不买也会记住它能给我们带来的利益，其实每一款这样的广告后面，都有 FABE 推销法在支撑它，可以说，FABE 推销法是一种极为有效的说服别人的工作方法。

那么，在销售实战中，销售人员应该如何运用 FABE 推销法来说服客户呢？以我的销售培训课程的宣传为例。第一句话是：中国有 6 万个亿万富翁，80% 是销售起家。10 年后，销售起家的亿万富翁将超过 30 万人，你想成为其中的一员吗？第二句话是：你知道那些顶级销售精英都是怎么做的吗？这就是 FABE 推销法的实战运用，两个设问句其实就是 FABE 的"B"。

一般消费者看到你的时候，只是一扫而过，连一秒钟时间都没有，所以你无法完整地用 FABE 这样的顺序去介绍自己，消费者没时间也没耐心去了解。首先依靠"B"瞬间吸引你，然后等你关注我了，我再用 FABE 推销法设计文案告诉你为什么应该学习这门销售课。所以，想要在一秒钟内抓住消费者的眼睛，让他多看两眼，必须用"B"开场，这就是现在"标题党"盛行的原因。

需要注意的是，在实战中，要想瞬间吸引客户，通常的手法是用"B"开场，但销售员也要根据自己产品和服务的不同，做到随机应变，把 FABE 充分打散，任意组合，这样才能在复杂的销售环境中做到一语惊人，吸引客户关注我们。

所以，想要在实战中使 FABE 推销法发挥出最好的效果，销售人员必须精通并了解自己的产品，唯有精通并了解产品，才能始终立于不败之地，最终说服客户。

我还用我之前推销水泵的例子，水泵从安装的形式上来说，只有两种形式，一种是立式，一种是卧式，这两种形式各有利弊。我在推销立式泵的时候，遇到卧式泵的竞争对手，就可以说："我们的立式泵比卧式泵节约最少50% 的占地面积，假设一台泵占地面积是 2 平方米，一般一套水泵机组是 4 台泵，则帮你节省 8 平方米的占地面积，最少帮你省一个车位的钱，大约 10 万元，你们周边的万达广场就是采用的这种立式泵。"

在这个话术里面，"节约占地面积"是 FABE 推销法中的功能，"帮你节约一个车位，大约 10 万的费用"是带给客户的利益，"旁边的万达广场"是证据。在这差不多一分钟的介绍中，我完整地运用了 FABE 推销法，并带给客户一个鲜明的印象，买我们这种泵，能省一个车位钱，值 10 万元。

当我销售卧式泵，被立式泵的竞争对手说我们占地面积大、浪费客户的钱，这时该怎么办呢？我们同样可以用 FABE 推销法来解决，可以对客户的工程师说：

张工，立式泵虽然节约占地面积，但是水泵是机械产品，只要是机械的，就会有出问题的时候，水泵一旦坏了，维修时必须电机和泵体分离，而立式结构的电机远离地面，你怎么把它拆卸下来呢？即使你用吊装葫芦，但是你有那么大的空间吗？而我们的卧式泵一旦坏了，维修时就非常方便，你只要把电机和泵体连接的螺丝去掉，然后用撬棍轻轻一别，电机和泵体就分离了，几乎所有的化工厂都是用卧式泵，为什么呢？就是因为维修方便和使用起来因为重心低而运行平稳、不损坏产品，提高了产品的使用周期。

在这个话术里，FABE 推销法同样也得到完整应用，"提高了产品的使用周期"是我们的优点，"几乎所有的化工厂都是用卧式泵"是我们的证据，"维修方便和运行平稳"是我们带给客户的利益。

由此可见，销售人员只要深入地掌握产品知识，并且娴熟地运用 FABE 推销法的技巧，那在一场谈话中，无论正反对错，你都能用吸引人的话术去影响对方、说服对方。因为天下没有十全十美的事情，任何事情都有利有弊，所以只要你用心，你完全可以洞察对方弱势，然后用 FABE 推销法一剑封喉，直击要害，得出我们的产品才最适合客户的结论，从而为成功销售打下基础。

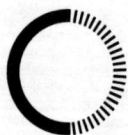

用爱达公式
说服客户

在销售过程中，很多人都会有疑问，包括很多小伙伴也经常来信咨询，说自己开了个店铺，也经常有顾客来看，但是客户往往看看就走了，请问这问题怎么解决？

也有很多销售员说，每次去见客户，客户对自己总是不太搭理，感觉客户油盐不进，不知道有什么好的办法和这类客户有效沟通。

遇到以上这些疑问，可以用 AIDA 模式，也叫爱达公式。这是一种更原始更基础的在西方流行的说服客户的销售技巧。

先来简单了解一下这一模式的起源。AIDA 模式是国际推销专家海英兹·姆·戈得曼总结的推销模式，是西方推销学中一个重要的公式，它的具体含义是指一个成功的推销员必须把顾客的注意力吸引到产品上，使顾客对推销人员所推销的产品产生兴趣，这样顾客的购买欲望也就随之产生，而后再促使其采取购买行为，达成交易。

AIDA 是 4 个英文单词的首字母。

A 为 Attention，即引起注意；

I 为 Interest，即诱发兴趣；

D 为 Desire，即刺激欲望；

最后一个字母 A 为 Action，即促成购买。

AIDA 模式其实是把一个销售过程简单地分为 4 个阶段，这 4 个阶段相互关联，缺一不可。

第 1 个阶段：吸引顾客注意。

第 2 个阶段：激发顾客对产品了解的兴趣。

第 3 个阶段：刺激顾客产生购买欲望。

第 4 个阶段：购买决定最好由顾客自己做出，推销员只要不失时机地帮助顾客确认他的购买动机是正确的，他的购买决定是明智的选择，就已经基本完成交易了。

"AIDA" 模式的魅力在于"吸引注意，激发兴趣和刺激购买欲望"，它的前 3 个阶段充满了推销员的智慧和才华。

在销售中，只要遇到客户对我们兴趣不大，没有和我们沟通的意愿这种情况，除非客户已经被竞争对手彻底搞定，否则，我们都可以用爱达模式和客户进行积极的沟通。

可以说，爱达模式是最体现销售员个人智慧的一种说服客户的技巧，熟练掌握它，不仅你所到之处皆受欢迎，而且客户关系也是轻松愉快的，在无压力之下就完成了交易。

而如何能彻底掌握爱达说服技巧呢？我们只要做好 3 步就可以了。

第 1 步：引起客户注意

很多做销售的小伙伴抱怨说，去见客户，客户对自己的态度很生硬，一听说自己是来推销的，就说不需要不需要，然后把自己打发走。其实，销售员拜访客户出现这个状况，其原因就是，自己第一次见客户的开场亮相没做好，没有引起客户兴趣。

如何能有效地引起客户兴趣呢？

以前我去拜访设计院客户的时候，特意设计了一款名片，名片背后是一个佛字。做这样的名片设计，是因为设计院的工程师，能拿到大的项目主设的，往往年龄是在40岁之后了。而到这个年龄的人，一般都会对一个20多岁的人的名片后面，为什么要印一个佛字感兴趣，从而能打开话题。

同样的道理，我在拜访企业的领导的时候，往往拿出一张背面印着"实业兴国"的名片，在实业兴国这4个字的下面，我还印上孙中山的字样。客户一般都很好奇，实业兴国和孙中山有什么关系，于是我便可以和客户沟通孙中山的"实业兴国"的治国理念，也顺便恭维所拜访的客户领导，说他做的实业，虽然在整个中国不算什么，但是，这也是为我们中国的崛起做出自己的贡献。一般这样的赞扬，客户的领导听后都很振奋。

一个小小的名片，随意设计几个字都可以吸引客户的兴趣，从而和客户进行有效的沟通。在工作中，引起客户兴趣的方法太多，只要有心，你可以尽情展示你的智慧和创意去吸引客户的注意。

比如，我曾经搬一台水泵到客户的采购办公室，40斤重的水泵放在采购员的办公桌上，客户想不注意、想没有兴趣都没办法，因为客户至少也会担心我的40斤重的水泵会不会把他的办公桌给压坏！

第2步：激发客户对我们产品的兴趣

在销售工作中，经常有小伙伴抱怨，说自己公司的产品和竞争对手的产品同质化严重，外观看起来一模一样，只能搞价格战，而公司的价格又偏高，销售起来实在有点痛苦啊！

之所以出现这样的抱怨，本质上还是缺乏有效的刺激客户对我们的产品产生兴趣的手段！

在实战里，我们往往用宣讲"样板过程"的方式去激发客户对我们产品的兴趣。

比如我去向邯郸钢铁下属热电厂做真空泵的推销时，对邯郸钢铁负责采购的工程师介绍，我们的产品在和邯郸钢铁一样规模的上海宝钢的热电厂项目上已经运行了3年。欢迎邯郸钢铁的同行们去上海宝钢做调研。

由于上海宝钢是中国钢铁行业的龙头老大，它的一举一动对国内的同行有示范作用，所以，我们宣传上海宝钢都在使用我们的产品，邯郸钢铁就有了想了解我们产品的兴趣，想看看为什么行业的老大都要使用我们的产品。

第3步：刺激客户的购买欲望

在现今产品严重过剩的买方市场环境下，引起客户注意，激发客户对我们产品的兴趣，都不算太难，但如何刺激和扩大客户购买我们的产品的欲望，就有点难度了，就需要小伙伴发动智慧各出奇招了。

有一次我去山东一家国有的煤矿集团回访客户，这家煤矿是我的真空泵产品的老客户，我拜访客户的管理层，并去负责管理真空泵的泵房看看产品的使用情况。去了泵房发现一切正常，没问题，就和管理泵房的设备科的人聊天，然后在聊天中，我就随口一提，说这个时候我们公司的所在地上海气候宜人，最适合旅游。期待设备科的朋友们有空的时候去上海玩玩，去我们上海公司坐坐。

这是套话，但没想到设备科的工作人员较了真，有个人说："我们这天天忙里忙外的，很多年了都没机会出去转转。"

我说："没机会创造机会也可以出去转转啊。"

工作人员问："你们公司有没有培训的机会，比如给我们这样的公司设备管理人员培训？只有这样我们才有机会出去转转。"

我说："除非购买新泵了，或产品损坏了需要到我们公司维修，这个时候我们会开产品使用培训班。"

交流完，我就回去了。

谁料想，这一番谈话刺激了山东这家煤炭客户的设备管理科的人，他们在两个星期后，居然以人为损坏的形式使我公司的真空泵产品出现了质量问题。接到客户投诉，我又去山东这家企业看看出现了什么质量问题，结果发现泵的电机进水了，无法维修，只能购置新泵。

然后这家设备管理科的两位工作人员顺理成章地被公派到我公司进行考察和订货，然后顺便在上海玩了几天。在玩的时候，我问这家客户的工作人员，这台泵虽然陈旧是老泵了，但是再工作几年是没问题的，怎么忽然就坏了。

这家公司的设备管理员笑了，说："我们有8年没出过门，天天待在公司里看着这几台泵看烦了，你走后就弄桶水浇在泵上，自然泵就坏了，我们也能出来转转。"

这个理由让我哑口无言，虽然极为不赞同客户的做法，但是，人都是欲望的奴隶，一旦欲望被激发出来，那么为了欲望谁又知道会做出什么不可理喻的事情呢？报纸上不是说有人为了买一部苹果手机甘愿把自己的肾切除给卖掉吗？媒体上揭露的各种贪官污吏落马事件，哪一个不是因为自己控制不住不该有的欲望呢？

　　所以，我们做销售的想把产品卖掉，一定要充分激发客户想拥有产品的欲望，一旦成功激发出客户想购买我们产品的欲望，那么生意的成交就唾手可得了。

　　想必你会有点好奇，AIDA 模式明明是 4 个环节，为什么我只强调前 3 个环节，只强调如何引起客户的注意，如何激发客户对我们产品的兴趣，如何激发客户购买我们产品的欲望，但是对如何促销形成交易这第 4 个环节轻描淡写不做讲解呢？因为，在 AIDA 模式里，第 4 个环节属于水到渠成的临门一脚，只要前 3 个环节我们做得出色，我们甚至不做努力就可以等待第 4 个环节的到来，因为前 3 个环节层层铺垫是激发客户的购买欲、拥有欲。当想拥有的欲望被我们扩大到很强烈的时候，客户自己会找上门来，通过购买我们的产品满足他们的欲望。我们以逸待劳即可。

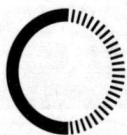

和客户有效沟通的三角法则

每个成功的销售员一定都具备一个素质，那就是能够同客户进行有效的沟通。ABC 沟通三角法则是被销售界称之为"黄金法则"的一种沟通方式。

其实在大客户的销售技巧中的"狐假虎威策略"就是 ABC 沟通法则的应用。就是当客户搞不定时，销售人员会请自己的领导出面帮自己一下。这是非常简单的战术，也非常有效，因为中国是个讲面子的国度，客户看销售员的领导都来了，一般都会给销售员的领导一个面子，大单不给，小单子也会给一点，不会让领导空跑一趟的。

我先来从理论上讲解一下什么是 ABC 三角沟通法则，ABC 代表的是三种不同的角色。

A 是 Adviser，顾问的意思，是我们可以借助的力量。包括上级业务指导、公司、资料等，范围比较宽泛，在不同的沟通场景中 A 可能是不同的人或事物；

B 是 Bridge，桥梁，也即销售员自己；

C 是 Customer，顾客，也即潜在客户。

在 ABC 三角沟通法则中，其关键点是 A：我们借助的力量，因此 ABC 三角沟通法则可以叫作借力使力法则。我是搞不定你了，但是总有搞定你的人，我把他请来，自然就通过他而搞定了你。

举例来说，我们拜访一个客户的董事长，但是客户的董事长就是不理睬我们，在做信息的收集时，我们发现董事长的爱人在公司担任会计，OK，我们搞不定董事长，但是我们可以从董事长的爱人入手。假设我们搞定了董事长的爱人，那么通过董事长的爱人去做董事长的工作，一般也就能达成我们的目的了。在这个例子中，董事长是 C，是潜在客户，董事长的爱人是 A，是我们借助的力量，销售员是 B，是连接董事长和董事长爱人的桥梁。

ABC 三角沟通法则有两种形式：

第一种形式：多对一或二对一，你公司两个人对客户一个人进行宣传。就是在你的引荐安排之下，你和你的目标客户被你带到你的领导或者顾问面前，然后由你的领导或顾问向你的潜在客户介绍公司、产品与生意的一种沟通方式。

第二种形式：一对一，销售员见客户后，通过介绍公司网站、样板工程、公司资质、领导人来访企业照片、企业荣誉、用户表扬信等有说服力的资料（这些资料充当的就是 A 角色），来显示公司和产品是值得信任和购买的，这也是最常见的和客户沟通形式。在一对一的三角沟通中，销售员往往对三角沟通法则中 A 的重要性认知不足，只是走过场地介绍公司、介绍公司荣誉、介绍公司的样板工程，往往达不到让客户信任的程度，客户不信任你，哪里来的成交。

在现实生活中，自己家的小孩你怎么说他都不听，但是老师一说他就听；在网站买东西，店主如何说自己的产品好，我们都心存疑虑，但是第三方的点评却是我们做出购买决定的重要依据。老师和第三方点评，都扮演着 ABC

沟通法则中的 A（Adviser、顾问）的角色。可见，如果在销售实战中，销售员如果能巧妙找到可以借助的力量 A，基本上能做到百战百胜。

ABC 三角沟通法则中，销售人员，充当一个 B（Bridge、桥梁）的作用，他必须洞察出潜在客户的欲望、不满、期待、痛点、痒点等需求，然后假设客户对销售员不信任，OK，那没关系，你不信任我，那我找一个能解决你需求的人，总可以吧？

于是，销售人员就在 ABC 三角沟通法则中发挥 B 桥梁的价值，把潜在客户 C 引荐给专家、顾问 A，让 A 去说服潜在客户 C，从而实现销售的目的。

在一对一的拜访中，销售人员也需要假设潜在客户 C 对自己是不信任的，你不信任我没关系，但是你信任你的同行吗？你信任你的行业排名第一的公司的选择吗？

于是，我们销售人员就充当 B 桥梁的角色，向客户介绍公司的样板工程，这个样板工程一定是潜在客户同行业的，规模和品牌都远大于潜在客户，比潜在客户 C 规模品牌都大得多的同行公司都买了销售员的产品，那潜在客户 C 购买也没任何风险的。宣传样板工程能形成从众心理，让客户觉得行业内比自己更牛的公司都购买了，没问题。我购买了，也应该没问题。于是，安全感就产生了。安全感产生的时候，信任也就萌生了，生意的成交就在未来不远的地方了。

都说环境很重要，那么我们销售人员在使用 ABC 三角沟通法则和潜在客户 C 沟通时，应选择什么场景？

沟通时，最怕打扰，一旦受到打扰就把谈话的气氛和思路都搞乱了，所以销售人员在组织沟通时，要选择一个相对比较安静、轻松的地方；另外，能够感受或激发人奋斗、有成功气氛的地方也是可以选择的。

我 2017 年选择在深圳创业，主要就是考虑深圳是出了名的有钱人多的地方，这在 ABC 三角沟通法则里算是选择一个能够感受成功气氛的地方，越是成功的人越是渴望更大的成功，因为见识了世界的真正美丽之后，人只有更加努力才能匹配享受这美丽世界。

最后，再来谈谈销售人员怎样做才是一个优秀的桥梁 B？

首先在沟通前：知己知彼方能百战不殆，沟通前销售人员尽量多了解潜在客户 C 的背景，关于 C 的情况了解越多越好；在安排专家 A 见潜在客户 C 之前，详细给 A 介绍 C 的情况，以便 A 更能把握潜在客户 C 的心态，让沟通更投机；沟通时，在潜在客户 C 面前推崇专家 A，让潜在客户 C 对 A 产生好感和尊重；还要提前精心准备一些资质文件增添潜在客户的信任。

然后在沟通时，一定要记住——细节决定成败。在聚会过程中，销售人员 B 的每个细节直接影响着潜在客户 C，因此你需要注意的是每个细节。具体应该注意的细节包括：

我们首先要介绍 A，然后介绍 C。安排 A 在领导位置上就座，之后的座位安排一般是这样的：B 与 C 坐同侧，A 与 C 坐斜对面，并且 C 的位置尽可能面对墙壁，这样的好处是没什么外来事物分散 C 的注意力。

主动给 A 拉座椅、上茶，递交笔记本、资质等，向 C 推崇 A，言辞恳切，要表达尊敬与敬佩之情；在把潜在客户 C 介绍给专家 A 时千万不可过于推崇潜在客户 C，以避免 C 自我膨胀。

引入话题后，B 要在 C 的旁边安静专心听 A 说明，并不断地点头认同、录音、做笔记、微笑。当 C 表现得不耐烦的时候，要学会问问题，让 A 讲解更吸引潜在客户 C 的问题，将 C 注意力拉回现场。中途不要抽烟、乱讲话、倒茶或随意走动。

最后需要注意的一点是，作为优秀的桥梁 B，一定不要矮化自己、拔高客户，对客户尊崇有加、毕恭毕敬，以为靠尊敬客户就能获得客户的好感和信任，获得生意，这其实是对销售的最大误解！客户为什么要从你手里买东西？因为在你卖的产品这一块，客户的知识不如你，他需要具备更专业知识的你帮他出谋划策，帮他做决断，但是你一旦拔高客户，矮化自己，反而会让客户小看你，觉得你什么都不懂，那客户为什么要买你的产品？

很多销售技巧都是行业前辈多年奋战经验的总结和提炼，都是经历无数失败和成功之后的反思，ABC 三角沟通法则也是如此。俗话说，阅人无数不如名师指路。在销售工作中，听成功者的话，运用被成功者验证过的方法，熟练掌握并灵活运用 ABC 三角沟通法则，掌握和人沟通的技巧，你的成功也一定是水到渠成的事！

如何寻找和讲解产品卖点

　　小时候和人吵架，最郁闷的不是吵架失败，而是事后回顾吵架过程时又有了骂人的新灵感，脑海里会蹦出一两句特别凶悍、特别能伤害敌人的话。但是吵架结束后，即使想到再凶的台词，你也不能追上小伙伴找他再骂一次，于是遗憾就产生了。这就像从事销售工作的人，在向客户介绍产品时无法当场说出产品对客户最有吸引力、最强的卖点，无法给予客户最大的诱惑，这样一来，就会使得客户对我们的产品的兴趣度不高，从而导致赢单的难度增加，严重时可能打单失败，影响自己的目标和收入。

　　没有及时向客户展示产品最美最独特的卖点而导致打单失败，这是所有销售员懊悔的事情，也是我们销售人员最不想看到的结果。那么，如何提炼出自己产品独特的卖点并很好地向客户展示呢？

　　所谓卖点，指的是产品所具备的与众不同的特点和特色，这些特点特色，一方面是产品与生俱来的，另一方面是通过销售人员精心策划、寻找、创造出来的。任何一款产品都至少有两种属性：一是产品的功能属性，指的是产品本身的品质、技术、质量、外观等物质属性；二是产品的延伸属性，指的是产品给人的感受。打个比方，任何一款智能手机，它都能实现通话、发短信、浏览网页等作用，这叫手机的功能属性，但苹果手机除了上述功能之外，它还为使用者提供一种高大上的感觉，这种个人感受就是苹果手机的延伸属性。再举一个例子，任何一款洗发水都有清洁头发的作用，这叫产品的功能属性，但夏士莲洗发水，它的卖点是洗完后头发黑亮，这里的黑亮就是夏士莲洗发水的延伸属性。

在销售界我们常说，三流的销售卖产品，二流的销售讲故事。仅仅卖产品，客户可能不喜欢你的产品，从而导致你的生意失败，但是故事人人爱听，当销售人员根据客户的内心需求讲述客户喜欢听的故事时，往往能击中客户柔弱的内心，让他自愿、自动地掏钱买单，而且对价格不敏感，不和你讨价还价。

说到底，很多时候客户的采购，尤其是小金额采购，买的是一种感觉、感受、感情。所以，当我们把产品的卖点提炼出来之后，不要仅仅去卖产品，或者产品的各种技术指标，而是要依据产品的延伸属性，卖给客户一种感觉、感受、感情，让客户觉得，哇，这正是我想要的，这正是我想拥有的，我必须拥有它，否则我的人生就不快乐，我们一定要卖给客户这种感觉、感受、感情。

在销售的技巧里，FABE推销法非常适合这种用户购买心理的场景。所谓的FABE，F是英文单词feature的首个英文字母，指的是产品的特质、特性等方面的功能，销售界管这个叫特征。特征一般指产品的名称、产地、材料、工艺、定位等特性，作为销售，要深刻挖掘这个产品内在的特征属性，找到和竞争对手产品的差异点。

很多销售可能会说，我也知道要找这种差异点，但是我们的产品和竞争对手使用一模一样的生产工艺、生产技术，包括所使用的材料、外观都一样，我实在找不出差异点。其实，世界不是缺少美，而是缺少发现美的眼睛，哪怕产品的产地不一样，都可以给客户带来不同的心理感受。

比如说你的工厂在上海，竞争对手的工厂在云南，你就可以以此作为一个推销点，向客户阐述上海是中国传统的制造业基地，譬如上海的凤凰自行车，就是质量较高的代名词。而云南在普通人的印象中，是一个风光秀丽的地方，当然云南的烟草业非常发达，但并没有给老百姓一种制造业发达的认知，制造业发达的区域主要在长三角地带。因此，产品的生产地不同，就能给客户心理上带来品质不一样的印象。

说完了产品的特征，我们来说说FABE当中的A，A是英文单词advantages的首个字母，指的是产品特征所带来的优势，是产品独特的、和竞争对手不一样的地方。我们形容优势的时候，一般会用形容词，比如说，我是一个销售水龙头的销售人员，我可以向客户讲述我销售的水龙头比竞争对手的更加管用；比如卖窗帘，就可以对客户说你用了我的窗帘，使你的房间更温馨；比如卖手机，我就可以讲我这款手机比竞争对手那一款手机更高档。

FABE中的B，是英文单词benefits的首个字母，benefits是指好处、利益，就是我所描述的产品优点可以给客户带来什么利益。我们在描述的时候，一定要用很好的形容词去形容，争取在消费者的脑海中建立一个很鲜明、很立体的画面，这样消费者的内心就会一下子喜欢上这个产品。比如说，我和客户讲，你看，我们赚了钱，可以去夏威夷看美女。"去夏威夷看美女"，这几个字一下子就能让消费者的脑海中想起夏威夷、海岸、沙滩、阳光灿烂、美女穿着比基尼在奔跑，这些形象是很美好的，哪个男性不向往呢？这样就能激发客户想拥有的欲望，因此我们销售人员要尽量利用这些形容词去描述很炫的、很酷的，或者很有诱惑力的画面。这些画面的立体感一定要很强，立体感越强，客户想拥有的欲望就会越强烈，所以销售人员一定要多学习知识，多学习语文，要让自己的语言词汇更加丰富。

FABE 推销法中的 E 是英文单词 evidence 的首写字母，中文意思是佐证、证据。说了那么多，产品也能给客户带来好处，但是你说的话可信吗？为了解决信任问题，我们往往通过现场演示来证实，比如说超市里卖菜刀的人往往会拿着一把菜刀去切苹果、蔬菜，甚至会切一些矿泉水瓶来显示他的刀很锋利，这就叫现场演示。但是，如果是电梯的销售人员，总不可能扛一部电梯去向客户做演示吧？在不能进行现场演示的情况下，怎么办呢？怎么证明自己的话可信呢？这时就可以通过一些证明文件，譬如企业的资质文件、第三方的鉴定等等，来证明我们说的话是靠谱、真实并且有效的。

证明材料应该具备客观性、权威性、可靠性、可证实性，千万不要为了向客户证明我们说的话可信而撒谎。试想，本来不用谎言去证明，还有可能成功，但是一旦用谎言去证明你说的话可信，万一谎言被客户拆穿了，这个事就彻底泡汤了，得不偿失。所以销售一定要真诚。

如果我们简单地用汉语去描述 FABE 推销法，逻辑是这样的，因为什么什么，所以什么什么，因此给你带去什么什么的好处，最后用例子去阐述并佐证。比如当年推销建筑用的立式清水泵时，我卖的清水泵是立式结构的，竞争对手是卧式结构，这是特征。然后 A 就是优势，站着的人一定会比躺着的人节约占地面积至少 50% 以上，我的清水泵是立式结构，比竞争对手节约占地面积 50%，这是我的优势，那么给客户带去什么好处呢？一套水泵机组至少由 4 台泵和管线组成，4 台立式泵的占地面积相比竞争对手的卧式泵至少能节约两个车位的面积，而在城市的繁华地带，一个车位最少能卖 30万，两个车位就是 60 万，因此我给客户带去的好处就是，你采用了我的水泵，我能帮你省 60 万人民币。那么我说的话可信吗？因此我要证明我自己，就是 FABE 中的 E。我的例证是什么呢？我就给客户说，你看武汉的佳丽广场、武汉广场、国贸大厦，当年都在武汉的四大高楼之列，是很有名的建筑物。佳丽广场、武汉广场所使用的就是我推荐的这种立式泵，你在方便的时候，我可以邀请你去武汉的佳丽广场、武汉广场做现场调研、考察，这样的话就形成了逻辑上的闭环。

　　FABE 推销法的精髓是一定要站在客户立场，判断出客户最关心、最需要的，然后一击必中。切不可拿销售人员自己总结的 FABE 去见每一个客户。以不变应万变，不根据客户的需求而改变自己，这是最愚蠢的做法。即使给你一挺机关枪，在森林里你也打不过一个狡猾的用刀的丛林猎人。为什么？因为你以不变应万变，像一个木头人，没有任何战斗力。所以，武器固然重要，但使用它的人更重要，销售也是如此。

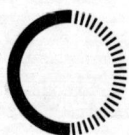

如何对产品
进行报价

　　有位入行不久的销售新手跟我说他最近遇到了一个报价问题。他一般做的都是几千元的小单，客户让报价，他就报了 15 元一吨，客户说你这太贵了，去年跟别的单位合作才 8 块钱一吨。算下来客户其实顶多买 150 吨左右，也就 2000 元左右，还一直让这个销售员跟公司沟通，看能不能报价低一些。

　　我相信在销售过程中，很多人都遇到过报价之后又遭到客户杀价的事情。

　　客户在需求一产生的时候，就立刻产生欲了解所需产品价格的想法，为自己的需求做资金预算。这个时候的询价是无法产生交易的，因为客户还没进行购买定位、购买偏好、产品比较等购买前的考量，这个时候销售员报价报高了吓跑客户，报低了客户认为你产品品质差不靠谱也把你排除在外。所以，销售员针对询价，知道什么时候该报、什么时候不报是一个技术活，销售员在报价的过程中应该采取一定的策略。

　　在销售界，有句话叫：

　　关系不到，价格不报。

如果要报，也要高报。

关系不到，价格不报，是一个基本的商业规律。关系不到位，客户无意买你的产品，销售人员价格报得高，客户从此 pass（否定）你，销售人员价格报得低了，自己没多少利润还被买家认为"便宜无好货"。总之，关系不到位就草率报价是一件很冒险的事情，只有新销售员才喜欢随便报价。

关系如果没到位的情况下，原则上建议你采用拖延的战术，不要报价。没必要为一个万分之一的成交机会，把自己的时间精力浪费在报价上面。

关系如果到位，也有把握客户会买你的，但是客户就是迟迟不采购，反而总是让你频繁降价，OK，这样的现象，其实很清楚地揭示：

客户心里有小九九，只是你没判定出他的欲望，你没满足他的欲望，所以觉得和你就这样签订合同他吃亏了，所以他通过让你频繁降价、总是不签订合同这样的方式来敲打你。

所以，这个时候，你打电话过去许诺下，一般问题就解决了。

和客户关系到位，客户需要了解价格进行采购前的权衡，在这种场景下，我们应如何报价呢？

在日常的销售工作中，以下几种报价策略还是非常适合市场的：

1. 切片报价（分项报价）法

黄金饰品总是以"克"为单位去卖，黄金一克 260 元，客户想："260元不多啊。"同理，卖西洋参的，一千克 9000 元，一般消费者一听 9000

元，他的心理反馈是："贵了，贵了。"但是卖西洋参的销售人员在报价的时候说："每克9元。"这个时候消费者的心理反馈是："9元，真心不贵。"

我以前销售西门子真空泵，产品价格相对于国产的同型号真空泵，一般相差在2~4倍。

往往在和客户交流技术的时候，客户都赞同和信任我们的技术、品牌等，都表达出有浓厚的购买意愿。

但是，当产品的价格一报过去，往往把客户吓一跳，不理解为什么那么贵，我们的一台真空泵的价格可以买国产的2到4台真空泵了。

你西门子的产品再好，还能1台抵得上国产的4台的使用寿命吗？

客户不理解我们的价格为什么那么高，因此采购上就不果断，就犹犹豫豫，下不了决心采购，担心自己吃亏。

经历了几次因价格太高，客户转而购买国产真空泵的案例之后，我再次和客户报价的时候，就采取切片法报价。

在客户要求报价的时候，我往往把真空泵这一个设备拆分切片为"电机、泵体、油水分离器、阀门"等几个部件进行分项报价。客户一般会市场询价去调查这些价格，那么经过价格比对，我报价的切片后的价格一般比询价的产品稍微高一点。但是西门子品牌名声在外，行业内口碑很好，客户也是能接受我们的价格比一般厂家的询价要高这个事实的，但是几个切片分项的高出部分加在一起，我们的利润就很可观了。

如果所销售的产品价格过高，除了报价上用些方法外，我们销售人员一定要记住，要学会给客户灌输一个"总使用成本"概念。工业产品客户买回去是要在未来安全生产、给自己创造财富的。他购买时的价格仅仅是设备成本的一部分，设备在买回来后运行的时候还要增加客户的电能和维修、维护等成本。

一般而言，一件工业产品的整个寿命期所产生的总费用中，购买时的价格仅仅占整个寿命期总费用的 10% 不到。

比如，我们购买 1 个 100W 灯泡，购买成本在 30 元。假设这个灯泡使用 5 年，一天亮 10 个小时算，5 年差不多总电费要支出 1000 元，而购买电灯泡的费用只是整个运行成本的 3%。

所以，产品价格比竞争对手要高得多的销售人员一定要学会算"总运行使用成本"这个概念，用产品寿命周期的总运行使用成本比竞争对手便宜的话术，而绕开我们的卖价比竞争对手高得多的事实。

2. 突然降价法

在客户的购买心理中，"感觉上占了便宜"的购买心理是一个重要的成交因素，客户一般都乐意购买自己认为物美价廉的产品，而实际上，客户对"便宜"的理解并不仅仅局限在价格的低廉上，其衡量的标准是多重的。一般而言，消费者对产品技术层面的知识是有局限的，对产品的价值不是真正地清晰认知，一般只是从产品的品牌宣传上判定产品的价值价格。比如某客户一直认为"宝马"车是一种非常棒的高价值的车，价格也应该非常昂贵，所以，假设当宝马车的价格打折到比和同配置的其他比它弱的品牌的价格稍高一点，那么宝马车的潜在消费者就会认为其"占了便宜"，从而坚定购买决心。

在水泵行业的销售实战里，一般和客户关系较弱的竞争对手或者销售新人，当他判断自己可能无法赢得客户的合同时，往往也会在即将失败的时候，孤注一掷，祭出"突然降价法"，以求有一根稻草能救命。

比如成都的某水泵销售员就告诉我，他的竞争对手有几次在他即将签订合同的时候，突然找到客户的董事长进行巨幅降价，一下就把他搞得很难受，签订合同的事情也被迫延迟。如果处理不当，还会丢单，实在害人啊。

在实战中，突然降价法是抢单的一个重要手段，我们销售人员不得不学这个方法，在某些时刻也不得不用这个方法。

3. 不平衡报价法

在我方总价不变的情况下，选择产品的一些零部件，把常规、通用的零部件以低价的形式报价，而把那些特殊结构、特殊工艺、专利产品等不具备价格可比性的零部件抬高价格。这个报价方法把客户能做市场询价的常规产品报价放在一个低价合理的位置，能让客户感觉到我们产品的价廉物美，让客户感觉我们的报价不虚夸，从而得到客户的信任。

4. 比较报价法

销售人员将我方的产品与另一种价格高的产品（比如进口产品、市场公认第一的名牌产品等）进行比较，这样相比，我方自己的产品就显得价格便宜了，另外，我们把自己的产品和进口产品或者市场第一的产品放在一起比较，也显得我方的产品质量并不比他们差。

在商业实战中，中国小米手机锁定世界著名的苹果手机进行模仿，并在价格上和苹果进行对标，即配置都一样，但是我的价格就是比你便宜，用这样的比较报价战术来吸引想拥有好品质，但是又资金有限不想花那么多钱的客户群。

由于模仿痕迹太重，小米的创始人雷军被冠以"雷布斯"的称号，同样，罗永浩创办的锤子手机也在处处模仿小米手机，这样把自己的产品与另一个比自己市场地位高的产品进行比较的销售策略，在商战中是一个好的选择。

　　我们销售界把它称为"第二名战术"，很多企业定位不做市场的第一名，因为第一名的风险太大，我们只要模仿第一名，争取自己是市场的第二名即可。能做到市场的第二名，企业的日子也不会难过。

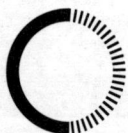

如何获得
先机快速开单

俗话说，一步先步步先。在销售工作中，有个名词叫先发优势，意思是首先接触到客户的销售员，能先于竞争对手建立客户对品牌的忠诚度。获得销售的领先意味离成功更近一步，那么，我们销售人员如何能在销售工作中先人一步，获得先机呢？

回顾一下销售的整个流程中，我们至少可以从下列 3 个环节入手去筹划，让自己有意识地先行一步，建立相对竞争优势。

第 1 点：先于竞争对手拜访客户。

第 2 点：先于竞争对手和客户进行技术交流。

第 3 点：先于竞争对手和客户进行商务沟通。

第 1 点：先于竞争对手拜访客户

要想先于竞争对手拜访客户，那么你在客户信息收集这个环节也势必要领先竞争对手，这样的话，知道得早就能行动得早，那么如何能领先竞争对手更早地获得信息呢？

做个有心人，随时见到相关信息注意收集论证即可。

销售这个职业不能靠等待，很多成就都是自己主动寻找获得的，信息的收集也是如此。如果一名销售人员连信息都懒得收集，都想着靠公司领导分配给自己，那么，以这样的惰性，几乎是没有可能在销售工作中有所成就的。

我以前在武汉销售水泵，去武汉的汉阳区拜访一个制药厂客户，这个制药厂在郊区，位置比较偏。在坐车的过程中，我突然发现在离客户所在地几站路远的地方新建了一个工地。于是，我拜访完客户后，就特意又坐车去这个新工地。这个工地由于是新筹建，整个项目组才进驻了3个人，而这3个人的级别是整个项目组最高的，总经理、总指挥长和办公室主任。

在聊天中得知，我是第一个拜访这个工地来销售水泵的人。和我对接工作的是办公室主任，他不懂水泵，于是我便告诉他基本的水泵知识，像水泵的原理、技术、行业内品牌、各品牌的口碑和技术特征等。由于我是第一个见到这个客户且第一个向其灌输水泵知识的，在以后的工作中，这个办公室主任对各个来访的水泵厂家的评价都依赖于我最初向他灌输的知识。

而这个工地的总经理和总指挥长，除了在最初我还能见上几面，其他销售员想见工地的总经理和总指挥长已经不可能了。因为随着工地项目组人员的扩大和工地各个施工队伍的进驻，工作变得非常繁忙。

其他销售员即使把总指挥长堵在办公室，总指挥长也会说：这个事情不归我负责，你去找下面的某某某工程师。

很明显，这是一种婉言拒绝，但是每次我去，总指挥长不会这样拒绝，而是仍耐心地听我扯上几句。毕竟，在他们这个工地开建初期，没有人拜访的时候，我是第一个拜访的，这个情分还是有的。

最后这个单子，毫无悬念是我的，办公室主任力推我的产品，总指挥长也给机会，下面的工程师我也是第一个去拜访的，他也不反对我，所以整个单子顺顺利利，没任何争议就拿下了。

信息的收集不能是被动的，一定要敏感，发现和自己销售相关的信息就去留意，看看有没有机会，这样天长日久，你拥有的信息量将是惊人的。

第2点：先于竞争对手和客户进行技术交流

销售最难的环节是让客户信任你的产品，是让客户相信你的产品是最好的、最适合他的。客户只有信任你的产品，才有可能购买，没有信任就没有一切。

那如何获得客户对我们产品的信任呢？

答案是：和客户进行技术交流。

是的，技术交流是获得信任最好的办法。技术交流的常规方法是，销售员要求客户组织一个技术交流会，然后销售员带公司技术员和客户的各个相关部门的代表，在一个会议室做产品方面的技术讲解和现场互动。

技术交流清晰了，客户会做会议记录并形成一个会议共识，以文件的形式确认销售员推荐的产品在技术上是可行的，是可以满足业主要求的。这样业主对产品质量就没有了后顾之忧，就可以放心购买了。

作为技术交流的辅助手段，销售员还可以邀请客户参观样板工程，参观公司工厂，参加新产品发布会，等等，这些都是获得客户信任的手段。

我们先于竞争对手和客户进行技术交流，实质上是通过技术交流让客户形成偏见，认为我们的产品是最好的，从而在竞争中领先于对手，构筑一道防火线。

第3点：先于竞争对手和客户进行商务沟通

客户对我们销售人员的产品认可后，会让我们进入他的供应商名单，但是进入供应商名单的不仅仅是我们一家，可能同时有 3~5 家竞争对手。

销售的特质是，不到最后一刻，谁也不知道谁笑到最后，所以我们销售人员想笑到最后，必须提前做一些有助于最后成功的事情。比如，提前和客户就合同的成交进行精心设计，争取让客户倾向于选择我们。

比如，当我们和客户的关系非常熟悉、客户高度认可我们的时候，我们可以向客户提出建议：

张工，我们非常重视这个单子，我们的一些技术确确实实比竞争对手要更适合你们这个项目，您看，您在做标书的时候，就把我们的这个技术写进标书里去，这样确保你们公司的利益最大化，这样行吗？

我们销售员可以在商务阶段，要求客户把销售员所在公司独一无二的东西写进标书，这样如果业主不反对，我们的这个合同就相当于放进了保险柜。

要想未雨绸缪，在竞争中占领先机，获得主动权，那么你要在先于竞争对手拜访之前就去拜访客户，形成先发优势；你要先于竞争对手和客户进行技术交流，获得客户对产品的信任；你要先于竞争对手和客户进行商务沟通，这样提前对商务合作进行布局，从而克敌于无形，轻松赢单。

顶级销售影响客户的
心理学技巧

兵法中常说"攻心为上，攻城为下"。战争中强调心战为上，对销售来说也是同样的道理。销售就是一场心理战，好的销售员都是心理学家。那么在与客户的交往中，销售人员常用的影响客户的心理学技巧有哪些呢？主要有 3 个技巧。

第 1 个技巧：心理读人术

销售人员要想成为一个善于察言观色的高手，就要善于把握对方的心理变化，精准拿捏对方的情绪状态，只有这样才能知己知彼，最终搞定客户。我之前认识一个销售员，他只有一个大客户，但是这个客户的脾气、爱好等各个方面都被他揣摩得很透彻，在交往中自然也就得到这个大客户的赞赏，基本上每次采购都直接找他。凭借这一个大客户，这个销售员每年的收入提成也不菲。

那么怎样才能成为一个察言观色的高手，能够恰到好处地运用读心术呢？

首先，你要善于观察，善于揣摩人心，想对方之所想，急对方之所急。比如对方说了上半句，你要能准确地说出下半句。另外，你还要善于替对方着想，甚至连对方都想不到的地方你也能帮着想到，让客户在跟你交流时，有一种心有灵犀的感觉。

其次，你要与客户保持一个良性的互动，只有互动次数多了，对方才能表现出更多的喜好，你才能更全面地了解他。比如销售人员应该多赞美客户，让他有一个好的心情，心情好的时候就能透露给你更多的信息。另外，你还要多留意对方的微表情、眼神、手势等，因为一个人的外在行为都是在反映内心。如果你眼光深邃、心思缜密，就能看出对方心理上的更多秘密，从而在察言观色中驾驭人心。

第 2 个技巧：心理掌控术

这个技巧和前个技巧存在一种递进的关系。你读懂了客户，了解了客户，自然就需要学会掌控客户。如果你掌控不了，就会造成明知道客户是什么样的人，却不能为自己所用的局面。

举个简单的例子，一个男生和一个女生谈恋爱，恋爱初期两个人处在相互了解的过程。这时男生多数都处在讨好女生的状态，因为他在追求，所以要尽可能地了解对方的喜好，赢得女生的好感。但是，追到手后，男生对女生的态度就不一样了，因为男生态度的转变，女生往往就会变得越来越被动，跟着男生的节奏走。这其实就是男生运用了一种心理掌控术，将自己从被动化为了主动。在销售过程中也是同样的道理，有时候你会发现，你已经很了解客户了，但他就是因为诸如想一直被优待、喜欢占便宜、害怕吃亏上当等心理，迟迟不肯签订单。这时你就需要想办法寻找项目的突破口，比如从客户心理上攻破，以此推动项目的进度。

曾有一个软件公司的销售员向一家贸易公司的财务主管推销一款财务软件，因为软件的定价是 4300 元，财务主管觉得有些贵，就一直没有拍板买下。看到财务主管表现得很犹豫，销售员就问他："您觉得对账浪费时间吗？不知道您这边是要经常对账呢还是只是偶尔才对一次？"

因为这家贸易公司是大型卖场和厂商的中间商，在财务上需要每天和卖场、厂商核账，一天最少有 3 个小时用在核账上面，所以财务主管回答他很苦恼。

这时销售员趁机说："我们这款产品的授权时间是 10 年，大约 3600 天，平均下来一天才一块钱多一点，对公司来说几乎可以忽略不计，但是对您个人的作用就非常大了，因为它可以帮您最少每天节省 3 个小时，您说值不值？"听了销售员的话，主管感觉这也太值了，马上买了一套软件。

这其实就是心理上的突破，因为客户在交易前难免会出现种种顾虑，当他拿不定主意的时候，就需要有人助攻一下。作为销售员的你，从利益上来讲，你是让他掏钱的那一方，方法如果用得不当，很容易导致对方的反感。而一流的销售员，从来都是做客户心理上的领路人，牵引着客户前行。

在心理掌控上还有一个特别经典的案例，主人公是新东方创始人俞敏洪。当时他在北京中关村第二小学租了一间平房当教室，挂起了"东方大学英语培训部"的牌子，就开始了自己的创业之路。当时员工只有俞敏洪和他妻子两个人，办学条件也非常简陋。好在俞敏洪口才特别好，经过一番介绍，有一些学生过来咨询，但当他们看到报名册的时候，却全都走掉了。俞敏洪感到很困惑，经过几天的思考，他终于想明白其中的原委。原来自己的报名册上是空白的，没有人报过名，谁也不肯做以身试险的第一个。意识到这个问题后，俞敏洪赶紧在报名册上填了一些假名字，使自己的学员看起来很多，也正因为他这次的小调整，他迎来了自己的第一批新东方学员。

俞敏洪在这个案例中用的是从众心理，在心理掌控术里，制造从众心理是最常用的一种方式，前面购买你产品的人越多，后续参与进来的人也就越多，所以如果你的项目进展遇到了瓶颈，不妨试试这个方法。

第3个技巧：心理博弈术

在销售中，供需双方信息是不对等的，客户不知道销售员的最低价是多少，同样，销售员也不知道客户能接受的成交价是多少。销售员作为较为弱势一方，在报价时一定要运用心理博弈术，去侦测、判断、解读出客户的真实心理，这样才能有真实的客户信息做支撑，帮助你制定出客户满意的方案，从而促成生意的成交。

心理博弈术的精髓在于"了解自己，换位思考"这8个字，想要了解别人，最好的办法是先了解自己，因为人是有共性的，了解了自己就能了解别人。与人交谈时，我们要先掌握好分寸，既察言观色又不显山露水，迅速、敏捷地捕捉到客户的内心起伏，情感变化。对方的信息未对我们开放时，我们要主动发出一些信息，用圆通灵活的手法去引导他，让客户多说多做，对我们敞开心扉。当客户向我们敞开心扉后，我们要用直率、坦诚、开诚布公的方式应对，根据这个原则，我们就有了和客户心理博弈的基础。

换位思考是假设自己是客户，在这样的场景里自己会怎么做，这样你就可以用这个准绳去衡量客户的信息是不是真实可靠。

举个例子，我手下曾有一个销售员被派去做工厂厂房租赁的招商专员。厂房位于某国营产业园内，招商广告发出去后反响不大，大部分人打探下价格就走了，因为政府搞的开发区厂房的租金一般比民营的要贵一点，直到两个月后才有一家生产密封材料的公司前来洽谈租赁厂房的事情。

这家公司对销售员的报价并不满意，表示周边的其他产业园要比这里的租金低得多，几番交涉之后，在价钱上总是谈不拢，于是销售员问我该怎么办。

我想，既然这家公司感觉我们的报价高，换一家不就行了，为什么还要屡次来商谈价钱呢？这里面一定有我们不知道的内幕信息。于是我告诉这个销售员去那家公司多找几个人了解下，为什么他们不到其他便宜的产业园去租赁厂房，而非要在我们这里租赁，只要把这个原因找出来，这笔生意就成交了。

这个销售员按我说的去那家公司打探，问了公司的几位老员工，得到了重要的消息。这家公司之所以搬到我们这里，是因为我们这里有几家大的公司都是他们的客户，假如他们能搬到我们这里，就能和客户在一个园区共同办公，这对以后的生意所带来的良性影响是不可估量的。因此，在资金允许的情况下，他们一定要租赁我们的厂房。

知道了这个消息，我的销售员心里有底了，在以后的谈判中变得强硬起来，在价钱上决不让步，同时还让这家公司的谈判人员给领导带话，只要他们想和这个园区里的客户做生意，他都可以帮助介绍。最终，这家公司接受了销售员的报价，签订了厂房租赁合同。

以上就是"读人、掌控、博弈"3个心理技巧的介绍，想必对客户的心理战你已经有了自己的想法，希望你能把这些心理技巧运用到工作中，最终帮助你促成生意的成交。

吸引客户注意力的
销售成交技巧

很多销售新手都曾跟我诉苦说，在跟客户接触的初期，想做到吸引客户的注意是非常难的，甚至很多老手也对前期跟客户打交道心里打怵。之所以会出现这种情况，是因为他们没有用对引起客户注意的方法。其实引起客户注意有 3 个实战技巧。

第 1 个引人注意的技巧：利益前置法

前面我介绍过一个说服客户的技巧叫 FABE 推销术，谈及 FABE 在实战中应用的时候，经常会打破 FABE 的固定排序，比如把产品带给客户的利益放在最前面去展示说明以吸引客户。如果我们推销一款财务软件，而财务软件带给客户的利益是提高效率、节约使用者时间，那么我们在一开始见到客户的时候，就可以直接使用利益前置法来引起客户的注意，比如我们可以说：

张经理您好，我拜访过很多规模和您公司差不多的企业，他们普遍反映，会计工作枯燥乏味，一个数字错了都不得了，都要重新返工，且花费太多的时间在反复核对数字上。但是我们有一款产品，看，就是这款 H 系列产品，它可以大大提高您处理财务工作的效率，您只要按固定的栏目填数字就可以，和手工相比，直接节约您 80% 的时间，让您有更多的时间去做更多更有价值的事情。您看看，这是 H 软件的界面。

我们销售员带给客户的利益有很多层，有精神上的利益，有工作上的利益，也有个人利益，但是我不建议销售员和客户在不熟悉的情况下就去谈他个人的利益，这不符合我们中国人保守的性格，因为一般人都有防卫心理，不和陌生人说话，不信任陌生人。我们销售人员刚刚拜访客户，客户对我们还很陌生，我们就去谈他个人的利益，客户不信任我们，所以对我们的说法也不上心，不往心里去，说不如不说。

关于销售员带给客户精神上的利益，比如认可、赞扬、崇拜、欣赏客户，这些精神上的倾向都是带给客户的利益。毕竟客户也是人，也是需要别人对他的认可、赞扬甚至崇拜的。

我曾经在新疆追某个大学的 1700 万的热计量工程改造项目，就是凭借一句话获得客户的认可，从而得到客户的支持，最终赢得这份合同的。

我第一次拜访客户，客户的工程师姓刘，他一个人在办公室。我在交流完之后准备告辞的时候，很认真地、充满感情地对他说：

刘工，您是我第一次到乌鲁木齐拜访的第一个客户，这是一段难得的缘分，我在乌鲁木齐也不会待太久。但是，我永远记得您是我认识的第一个乌鲁木齐朋友，将来您要是到安徽去旅游，一定给我打个电话，让我接待一下来自天山脚下的朋友！

这一番话说完，我就告辞了，刘工听后当时也没说什么，但是以后我每一次拜访他，问他什么他总是告诉我什么。我有什么难题了，他也积极地帮我想办法解决，这个单子能拿下，都是他一手促成的。

可以说，就凭这一句真诚的话，不仅仅吸引到刘工的注意，而且也感动了他，他从心里把我当成他的朋友，帮我很多很多。

第 2 个引人注意的技巧：道具法

道具法在销售里的运用不算是稀奇的事情，但是真正用好它的人也不多，甚是可惜。为什么如此好的吸引客户注意的方法，在销售员实战中用不好呢？我想，这和一些销售员不太上进、不太动脑子是有关系的。

道具就是工具，人类之所以那么弱小却站在地球食物链的最顶端，就是因为我们会制造和利用工具。

20 世纪 90 年代台湾有个阀门公司，号称中国阀门界的黄埔军校，他们当年开发大陆市场的时候，就是用一部卡车，卡车上安装了模拟一个小区整个自来水管网上的不同阀门的使用场景。

他们的销售人员和卡车司机，每到一个城市、一个大的设计院，就把卡车开到设计院的院内，然后销售员喊这个设计院所有给排水、管道专业的设计师去院子里看卡车上的阀门使用场景。

这样直观立体的展示，在 20 世纪 90 年代的中国，可能是面对设计院销售上第一次使用的手段，效果出奇地好，这家公司第一年就达成和当时 20% 的大陆自来水公司合作的好业绩。

这堪称行业内的奇迹。

而且这家公司还有另一个行销上的成就，它率先在上海自来水公司搞了供应商入网制度，不仅提高了上海自来水公司的收益，还从制度上保证了入网的供应商都是产品可靠、有品质保证的供应商。这个模式在 10 年之后，成为全国自来水公司几乎家家在用的一个经营模式。

第 3 个引人注意的技巧：引证法

我们上网上购物时，对下决心购买影响最大的因素恐怕是买家的第三方点评，其他买家的意见如此重要以至能很大程度上左右我们的购买行为。同理，在销售工作中，其他客户使用后的意见也是吸引后来客户对我们注意的一个极为重要的点。

比如，我了解到河南省某化工厂的聚丙烯项目，在拜访前上网搜索下知道这个项目规模是 20 万吨，于是在拜访这家企业的时候就对工程师说：

张工，有个事情我必须给您汇报一下，去年我们做了包头的一个年产 30 万吨的聚丙烯项目，这个项目已经投产了，不过发生了原来设计的光气工艺段的真空泵配套的球阀在生产的时候出现一个月就损坏一个的问题，老修还总修不好。后来包头的这家生产聚丙烯的厂家找到我们生产真空泵的公司，想看看是不是系统问题。其实经过我们专家诊断，发现是选型问题。由于特殊的制作工艺，这个光气工艺适合三偏心蝶阀，后来我们公司的专家过去跟他们交流，换了蝶阀后，已经一年多了，再也没有发生过阀门损坏的问题。

张工，您看看你们的这个 20 万吨的项目，光气段的真空泵的前置阀门设计的是不是球阀？如果是的话，建议你们去包头的这家年产 30 万吨聚丙烯的同行那里调研下，这样能防患于未然。

　　这样一个有理有据善意提醒的故事，不仅显示我们销售员的专业度和见多识广，也显示我们销售人员是把客户利益放在第一位的。销售工作不只是我们销售人员说了什么做了什么，更重要的是我们要让客户感受到什么。

　　当客户感受到我们对他的真心，他也会真心对我们，不然，就很难跟客户达成良好的关系。

　　所以，想让客户对我们注意，我们就要预判客户关心什么，我们在他关心的点上组织案例、事件、话术，说客户喜欢听并关心的问题，这样往往一张口就获得客户的关注。

　　有一次，我所在的煤矿行业，有一个规模能排在中国前十的矿务局的采购处长被抓判刑，在整个煤炭行业引起轰动，这个矿务局又恰是我的老客户，于是我每次见到客户就说这个采购处长的故事，每一次都成功地吸引客户的注意，成功地获得客户对我的认可、对我公司产品的认可。

　　我的话术是这样的：

　　张工，我刚刚从某某矿务局出差回来。唉，真可惜啊，矿务局采购处长一辈子清廉，一点问题都没有，一分钱都没拿过别人的，但是临近退休了，他的一个同学找他办点事，硬放在他家里4万元，居然被查出来，处长也被抓判刑了。你说，处长这辈子的清廉就这么毁了！

　　客户对同行总是好奇，我们销售员对客户说他同行的故事，一般都狂受欢迎，因为好奇之心人皆有之，尤其是同行的八卦消息，更是一个有效吸引客户的手段。

销售就是要找对人，说对话，做对事

在销售工作中，"找对人，说对话，做对事"这3个环节非常重要，所有的签单都是因为这3个环节，只要有一个环节做错了，你之前所有的努力都可能会付诸东流。举一个我自己因为没有找对人而失败的案例。

我在1998年的时候面临一个职业上的选择，一个水泵厂的老板给了我10万块钱，让我拿着钱去考察国内市场，可以在国内找任何一个地方设立一个办事处。当时我听周围的朋友说沈阳的待开发市场很大，所以就揣着钱满怀期待地来到沈阳。刚一下火车，我就看到火车站对面有一栋高楼在建，已经建了16层，预计32层封顶，因为我当时是销售水泵的，于是就拿了本水泵的宣传册进入工地，想看看有没有销售水泵的商机。

进入工地后，我向保安打听工地甲方的负责人在哪儿办公，保安想了一下说，甲方有个王总，叫什么不知道，只知道在这栋楼的二楼办公，说完还指路给我告诉我怎么走。我按照保安指的路线还找到一位姓王的领导，经过交谈发现他确实很懂水泵，也告诉了我这栋大楼需要什么规格型号的水泵，甚至还让我抄下了水泵型号。

在和王总交流的过程中，我随口说了一句："王总，我第一次来沈阳，晚上一起吃个饭？"王总还真答应了，在席间他反复强调说今天是他孙女的生日，我当然明白这是暗示我给他孙女买礼物，于是我给了王总600块钱，作为他孙女的生日贺礼。

当天晚上，我越想越不对，因为我知道，一个客户在不熟悉的情况下就向你暗示索取财物，基本上就是骗子。为了鉴定真伪，第二天我又去了一趟工地，又找了其他工作人员打探，才知道工地上有两个王总，一个是业主的王总，一个是业主聘请的监理公司的王总。这两个王总都在甲方办公区办公，而我找的恰好是监理公司的王总，根本就不是甲方的负责人。

这就是很明显找错了人，而我因为想办成事，给人家送礼的钱也打了水漂，还白白浪费了时间。因为在沈阳出师不利，所以我也无心再在那里发展了，很快就返回南方去做水泵销售了。

找对人是销售成功的第一步，也许你不会像我一样遇到两位老总同姓这么巧的事，但由于大客户销售牵扯的部门较多，接触的人也就很多，如果不深入了解，也很难直接找对人。那么，怎样才能找对人呢？

第一，可以根据客户的职能部门去找人

客户公司的各个部门均有其工作职责和相应的工作范围权限，比如采购部负责采购，技术部负责技术把关，生产部负责生产工艺，销售部负责产品销售……在大客户销售中，和最终销售成交密切相关的部门就是：技术部、采购部、生产部。

根据我们对客户的了解，这3个部门的工作职责和权限大概是下面这样的：

采购部只是执行部门，它不能单独决策是否采购销售人员的产品，最多

是充当内线的角色，但是采购部是整个信息的来源，我们可以早点接触到它，从而获得信息的支持。

技术部在技术上具有否决权、建议权，对大客户销售的成败有相当大的影响力，起到关键作用，所以技术部通常是销售人员必须拜访的重要部门，而且必须拉近关系，获得他们的认可。

生产部是最终使用我们产品的部门，它的意见对采购部的采购有一定的影响，但影响不大，建议销售人员没事多收集竞争对手的产品的使用情况，说不定可以找到竞争对手的把柄，在竞争中拿到一张王牌。

需要注意的是，在实际工作中，有可能几个部门的权限会集中在一个部门，甚至一个人身上，比如民营公司可能技术、采购、选型等都是老板自己决定。另外，影响项目决策的人有时不一定是这些明面上的部门，还可能是其他的角色，比如公司总经理的秘书、老婆、亲戚等，这就要求销售人员不能生搬硬套而是在明晰各个职能部门的角色定位后，随机应变，仔细寻找撬动核心项目的支点。

第二，要主动出击，找到拍板人，获得支持，一锤定音

俗话说："一山不容二虎，一家不容二主。"一件事情能真正拍板的只有一个人，所以在销售过程中，要想办法搞定拍板人，获得他的支持，才能拿下订单。我见过很多销售员，在一个项目上耗费了很多精力，也用了很多办法去拉关系，但拍板人周围的关系都打通了，项目从上到下，很多关联的人也都拉近关系了，却唯独绕开了拍板人。搞不定拍板人，你所有的努力都是白费的。

除了找对人，我们还要说对话，那么要怎么说才算是说对了呢？

首先要了解"五个 W"法则，它适用于任何销售场景，分别包含了 who、when、where、what、why。在话术中，who 代表了你的说话对象是谁；when 代表了你说话的时机；where 代表了你说话的场合是怎么样的；what 代表了你和对方究竟要说点什么；why 的意思就是说，你们为什么要进行这次谈话和沟通，你们为什么要说这些。简单来说，我们提取出的这五要素分别代表对象、时机、场合、内容和目的，如果再加上 how 这个单词，就代表应该以什么样的方式和对方说话，也就是语气态度的问题。

我们先来说 who，也就是对象。当我们要跟一个人去沟通的时候，首先要确定的一个问题就是对方是谁。在销售工作中，其实这个问题已经很明确了，因为你每次去见什么人，他是什么身份，从事什么行业，与自己有什么样的现实关系，这些已经很清楚了。我们需要额外了解的是对方的教育背景、年龄、跟其他领导相比有什么独特的地方等。

举个例子，你要去见客户方的老板，不妨先了解一下他跟其他公司的老板有什么不同，比如他的公司的独特性有哪些？他有什么独特的人生经历？他最近遇到麻烦了吗？他最希望解决什么样的问题……这些都是他跟别人的不同。接下来还要弄清楚他引以为傲和不愿触碰的话题分别是什么，以便你在和客户谈话的时候，尽可能聊那些让他感觉特别自豪的话题，拉近你们的关系，避免你不小心踩到了客户的雷区，让自己之前所做的一切准备都白费了。

也许你会说，我是第一次见对方，没有办法了解那么多。那你可以在第一次见面的时候试探性地了解，因为销售的工作本来就是一个相对比较漫长的过程，很多项目你不可能只见一次客户就会得到一个明确的结果：能签单还是不能签。所以在第一次接触时我们应该尽可能收集客户信息，只要不触碰对方的雷区，你就有机会得到第二次、第三次交流，经过多次交流，如果你表现得很出色，给客户留下一个好印象，就有可能拿下订单。

接下来要说的是 when 和 where，也就是时机和场合。在与客户对话之前，首先要搞清楚这次谈话是在什么时间开始，是在工作时间还是休息时间，是在一场庆祝会之后还是在一场追悼会之后，因为在不同的时机，每个人的情绪状态是不一样的。销售人员还要考虑，谈话的地点是在办公室里还是在公司外面，这个地方可能会对双方产生什么样的影响？需要提前注意些什么？是否会有第三人出现，他对整个谈话可能会产生什么影响，而这一切你是否可控？这些都是需要你提前去考虑的问题。

第四个 what，也就是内容。在交谈中，你表达的核心内容是什么？你想表达的，和对方想知道的是否一致？如果你说的正好是客户想让你说的，那么你就说对话了。那么一般情况下，客户想知道什么呢？

首先，客户想知道你是谁？这就要求你在拜访客户的时候要有技巧地介绍你自己、你的产品和你的公司。其次，客户还想知道你销售的产品质量好不好？这就需要你提前做好功课，了解竞争对手的产品，在交谈中不仅能介绍自家产品的优点，还能说出它与竞争对手产品的区别，让客户能够更深入了解你的产品。最后，客户最想知道的是你说的这些是真实的吗？他又该如何去证实？这就要求你最少要做三件事：必须带客户去参观你的样板客户；必须在客户公司组织正式的技术交流会；必须带客户去你公司的工厂考察。做到以上 3 点，就基本能够向客户证明你说的话是靠谱的，最终获得客户的信任，采购你的产品。

最后一个是 why，也就是目的，为什么想要跟客户说这些？你的意图到底是什么？你的需求到底是什么？我见过很多销售员，见到客户的时候发现对方是一个很好相处的人，自己找的话题也比较好，于是和对方相谈甚欢，聊到最后却发现自己已经完全忘了主题和自己这次来的目的。还有一种情况是你本来的意图是希望能够说服客户，或者探听一下项目的进度，但是聊到最后却发现自己被客户的意图所引导。你本来是想说服他接受你的价格，但是反过来却被他说服了，直接答应降价，这就是被误导，你的沟通结果跟你最初的目的背道而驰。这种情况在销售过程中经常发生，主要因为我们没有搞清楚自己的意图，交流时太随意，失去了主控权，最终被客户所引导。

最后来说一说 how，也就是你以什么样的语气和态度与客户交谈。我建议你在与客户谈话之前先想一想自己可能遇到的最坏的状况，如果一旦发生了，你会以什么样的态度去应对？如果是进行谈判，对方否定或者不接受你的方案，你是否准备了第二套方案？我之前认识一个销售人员，满怀期待地去找客户谈接下来的合作，但是客户否决了他所有的方案，这让他非常恼火，也产生了一定的挫败感。从满怀期望到满心失望，心理落差比较大，导致他的情绪变得非常不好，在接下来与客户的交流中也就表现得不太得体。这让客户觉得很不舒服，后来果断地拒绝了和他的合作。所以与客户谈话和沟通前，一定要做好各方面的准备。

对不同的人
用不同的"钩"

销售员在和客户公司的工作人员打交道时，会遇上各种各样的人，在交流中我们应该如何加强话术技巧，如何对不同的人用不同的"钩"，有针对性地应对这些形形色色的工作人员，顺利完成我们的销售任务呢？

一次，我被听过我线下销售培训课程的学员拉去东莞钓鱼。小时候我钓过几次鱼，一根竹竿，一个鱼钩，一根线，现场挖几条蚯蚓穿在钓钩上即可，钓鱼在我眼里是如此简单的事情。

但是，当我看到学员拿出来的钓鱼器械时，顿时惊呆了，躺椅、放钓竿的架子、各种线、各种口味的鱼饵、装鱼的大袋子等，虽然我和他一下午也没钓到一条鱼，但也让我这个钓鱼的外行看出来一些常识。比如，不同的鱼在不同的水深区域活动，所以，你想钓什么鱼，你就必须要使用适合这类鱼的鱼饵、钓钩。大鱼一般都在水位较深的地方，小鱼总是离岸边不远，你想钓大鱼，你就必须放长线，这正符合我们日常生活里的一句俗话："放长线钓大鱼。"同样的道理，我们在销售过程中也应该对不同的人用不同的"钩"。

客户公司的工作人员分为两层，一层是高管层，这类人统称为拍板人，另一层是中低层工作人员，被称为关键人。如果把他们也用鱼来比喻的话，拍板人毫无疑问是大鱼，中低层工作人员则是小鱼。想钓大鱼我们需要去水深的地方一样，想搞定客户公司的高层领导，就要用"奇"，必须有所创新，突破传统思维，出奇制胜。

我做单的时候，搞定客户公司的高层，也经常用"奇"的思维，突破传统思维，突破传统打法，用新的思维去行动，从而吸引客户、影响客户，最终搞定客户公司的拍板人。

1997年我做武汉佳丽广场的项目，这个项目是个双子楼，需要8台空调泵，当时参与竞争的有七八个厂家，最后我通过努力进入到5个厂家竞争的小名单。但在这个小名单中，我的报价是最高的，因此不占任何优势，我又该如何胜出呢？

当时支持我工作的是项目部工程师小周，他帮我出谋划策："倪经理，你的产品价格是最高的，竞争没有优势，你想拿到这个单子，就必须找我们的陆董事长。如果他认可了，你价格再高也没事，也能签订合同。"

但在当时，我只是一名普通的推销员，而对方却是一个资产几百亿的大集团公司的董事长，这让我感觉没底气，甚至不知道该如何和他交流。于是我想，凭我的能力肯定无法搞定陆董事长了，应该找一个职务上和他差不多的人，这样双方才会有共同语言。于是我立刻给上海的总公司打电话，请公司的生产厂长来谈这个单子，但是当时他有其他紧急的事情需要处理，没办法赶过来，事情又陷入僵局。

后来我决定从公司内部找一个看起来有点领导派头，年龄也和陆董事长差不多的上海人，让他紧急赶过来和陆董事长谈判。经过工程师小周的引荐，我们最终见到了陆董事长。我找的这个人是钳工，而陆董事长没做房地产前也在工厂里做过钳工，相同的工作经历让两人一见如故，在办公室愉快地聊了一下午。

就这样，武汉佳丽广场的项目最终被我拿下来了，方法不过是找一个人冒充我们公司的生产厂长去搞定客户公司的董事长，依据的原理是职务对等的人更容易互相交流。

对客户公司的高管我们用"奇"，一般都能出奇制胜，但是对客户公司的中低层工作人员，我们又要用什么方法呢？

在实战中，想搞定客户公司的中低层人员，显示出"利益"所在，用"利"去引导客户公司的工作人员和我们合作，是最常见最有效的方法。原因是：客户公司的中低层工作人员，全部是打工的，人之所以打工，就是想赚钱或有个事业。

所以，我们要表现出两点：

第一，让客户的事业更加成功。

第二，让客户赚更多的钱。

我们在和客户的交流中，熟练掌握这两点，足以搞定客户公司的中低层工作人员。

如何让客户赚更多的钱，我们销售员表达出来即可，非常简单。比如行业内一般都1个点，我们说我们正常有3个点。这就足够了。那么如何让客户的事业更加成功呢？这个问题，每个销售员面对的客户不一样，有不一样的让客户更加成功的方法和策略，这里就不摊开一一讲解了。我给大家一个可以通用的方法，大家不妨在实战中去试用。一般而言，无论是销售产品还是服务，都对客户有个售后服务期限的服务，那么，我们可以在售后服务这块夸大一下，让客户的事业更加成功。

比如，我做水泵，售后服务保证期一般是 1 年，但是我就对客户承诺是 3 年。这样，一般竞争对手承诺售后 1 年，而我们承诺 3 年售后期，我们在售后这块就让客户公司得到最大的利益，让他的工作更加有成绩！

对客户公司的高管拍板人，我们用"奇"，以奇取胜。

对客户公司的中低层人员，我们用"利"，以让客户的事业更成功、让客户赚更多的钱来取胜。

这就是面对不同的人，我们用的不同的"鱼饵"。

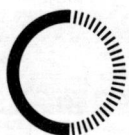

建立优质
客户关系三步法

只要是人，无论多理性、严谨，也总会呈现感性的一面。我们做销售，和客户的关系感觉不错的时候，就会觉得自己离成功不远了；当客户对我们不理不睬不太亲热的时候，我们觉得客户离我们很遥远，成功也变得遥远起来，这都是我们感性的一面。

那么，我们如何和客户建立优质良好的关系，为自己成功销售打下坚实的基础呢？在此，我的建议是，和客户建立优质的关系不要急，不要想一口吃个胖子，而要把过程分解，分成3个步骤来做，循序渐进地和客户建立优质良好的关系。

第1步：甜言蜜语、小恩小惠放松客户心理防线

甜言蜜语、小恩小惠在销售中的重要性不言而喻，所有的销售员，不管是销售高手还是销售菜鸟，几乎都擅长此道，最少是遵循这个原理去和客户打交道。

销售高手和菜鸟的区别在于甜言蜜语、小恩小惠的针对性是不是很强。销

售菜鸟搞小恩小惠时是想当然，自己认为如此便以为客户也是如此，于是经常出现送的、说的都是客户不想要的，甚至是反感的，以致销售失败。

譬如我手下有个女销售员去开发一家企业的时候，就没有做到说客户之想听，而只是自己想当然。她对客户的采购部部长说，我们公司有政策，事成之后我们有 1 个点感谢费。

但是，她这句话一说出口，客户勃然大怒，让她滚出去，永远不要来这个公司。

被客户赶出办公室，她的挫败感非常强烈，向我哭诉。我连夜赶到太原，第二天我去找客户一打探，发现这个采购部部长是副院长兼任，本身就是治理腐败的，所以销售员说的话触到了采购部部长的逆鳞，引起部长的怒火。

所以，尽管销售高手和销售菜鸟在开始一段与客户打交道的征途时，都是以小恩小惠、甜言蜜语开始的，但是，菜鸟毫无章法，仅以自己的思虑为主，想说啥就说啥想送啥就送啥。而销售高手则多个心眼，以客户为主，根据客户的级别、年龄、爱好、性格等特质去精心准备自己的甜言蜜语和小恩小惠，不知不觉就降低了客户的心理防线，获得客户的好感。

第 2 步：独特卖点差异化竞争占领客户心智

获得客户的好感仅仅是成功销售的第一步，产品和人都获得客户的认可才是销售成功的重要一环。毕竟，销售员和客户打交道是想让客户购买自己的产品，客户购买我们的产品的理由是客户觉得我们的产品对他是性价比最高的，当客户认为在众多的产品中，我们的产品是最适合他的，他才会掏钱购买。

怎么让客户觉得我们的产品是最适合他的呢?

这就要靠差异化的打法,我们把自己的产品和竞争对手们的产品放在一起进行比对,找出我们和竞争对手们不一样的地方。然后去和竞争对手们竞争。千万别说找不到差异,找不到是因为你懒——思想懒惰——没别的借口。世界上没有两片完全一样的树叶,这是公认的真理。你认为你的产品和竞争对手是一样的,找不出差异,这除了说明你思想懒惰,还能说明什么?

我以前从事水泵销售,中国的水泵厂和公司差不多有3000家,你说大家的产品是不是都长得差不多,你说找出差异化有多难?

但是,我硬是在自己的说明书和竞争对手的说明书里找到关于吸入压力的不同。我们的技术手册描述我们产品的吸入压力是0.5公斤,竞争对手是0.3公斤。我就凭借这点不同,对客户反复宣传,竞争对手的产品是用0.3公斤较差的铸铁做的泵体,承受压力不大,一旦压力大可能就会漏水,甚至爆裂,等等。而我们用的球墨铸铁是最好的铁了,承受压力很大,所以我们的价格高点、质量好点。就是凭借这样的宣传,我硬生生用产品的差异化、技术性,获得客户的认可,从而后期以高价抢了一个水泵订单来。

在销售中,很多客户没有我们销售员更熟知产品,没有我们销售员更懂产品,所以我们销售员找出差异化去让客户信服是很容易的。一旦找到,获得客户的信任认可也是相对简单的。因为客户没有我们了解和熟悉产品,更容易接受我们非常专业的观点。

第3步:凸显高价值,引导客户只买我一人

销售中的差异化技巧被运用得非常普遍,我们可以通过差异化找出卖

点，我们的竞争对手也会寻找差异化找出他们的独特卖点，这样销售就进入一个公说公有理婆说婆有理的混乱局面。在这种情况下，我们销售员唯有让客户觉得我们是他的真爱，我们是他的唯一选择，才是我们获胜的筹码。而让一个人感觉到我们是他的真爱，无非我们要表现出以下几个方面：我们的价值对他而言有多重要，我们的人有多好，我们的人对他有多好、对他有多关心。这是一种感受，是客户和我们交往的时候对我们的感受。这个感受如果我们在快速建立关系的第一步小恩小惠甜言蜜语阶段做得到位，就完全可以让客户感受到我们对他有多好，对他有多关心。而我们的价值对客户而言有多重要，可以通过正确判断并满足客户的需求来彰显。

我曾经去打一个单子，用了两年都没打进去，后来一打听，竞争对手以帮助客户领导的小孩去美国读书的手段，和客户捆绑在一起。我望洋兴叹，有力使不上，甘拜下风。

如何让客户帮你
拓展销售业务

一个人走路走得快，一群人走路走得远，销售员完成业绩不难，靠自己个人的顽强拼搏、努力奋斗即可实现。但想出类拔萃成为 No.1 的超级销售仅仅靠自己的努力显然是不够的。

一个人的时间和精力有限，能跑且能跑成功的客户数量有限，我们想超越常人成为行业的翘楚，必须借助外力，肯干能干加巧干才行。根据一些销售机构研究大数据显示，通过老客户介绍的新客户最终签订合同的约占 1/5，即老客户每介绍 5 个新客户，就有 1 个客户成交。而随机拜访开发新客户的成交率只有 1/30 左右，电话销售的成交率只有 1/150 左右，即打 150 个电话才有 1 个成交。

老客户介绍新客户的成交率那么高，理应成为我们销售员率先使用的开发客户技巧。但在实际的工作中，销售员往往很少请求老客户帮他转介绍新客户，以至于很多销售员的成交客户数少得可怜。我甚至见过两年都没出过一单的销售员，这样的销售员你想想该是何等的落魄和无奈。

出现这个局面的原因无非是销售员不愿请求老客户介绍，怕给老客户留下一个强行推销的印象，导致同老客户的生意失败。

一怕毁所有，什么事情一怕就没什么希望了。老客户转介绍的新客户成单率比拜访陌生客户高 6 倍，即使再怕，我们也必须去做请求老客户转介绍新客户这件事，这对一名销售员来说太重要了。

就以我自己来说，我做的企业培训不少于 100 场次，这些企业培训客户的来源基本都是我的读者、老客户的转介绍，绝大部分是我的读者转介绍。他们读过我的《销售就是要搞定人》觉得不错，就把它推荐给其他的同事或者自己的销售领导，而一些销售领导觉得书里的销售知识系统实用，于是便安排相关人员找到我，洽谈对企业员工进行销售培训的事情。你看，我从来都没有主动对企业培训这块业务展开宣传，但是老读者的转介绍却使得每年都有几十家企业邀请我去为他们培训。

这就是转介绍在生活中的实例。

转介绍的生活案例实在太多了，比如我堂弟要买车，我知道后，在一次家庭聚会上就问他，听说你要买车，计划买一辆什么车？

他吧啦吧啦……

我说，广汽新出一款 JEEP 品牌的 SUV，才 15 万，你可以看看。

结果周末聚会，发现他已经买了一辆 JEEP 的红色 SUV。问他为什么选红色，他说，他听我说之后，感觉 JEEP 不错，而其他颜色没有现车，但非常想立即拥有，急不可耐，就买了有现车的红色的 JEEP。

你看，转介绍的魅力有多大！

每个人都有发泄、倾诉的情感需要，吃了一顿大餐、美食让你难忘，你会有在微信朋友圈晒晒的冲动；去办事遇到不爽的对待，你也会想找个平台说说，发泄发泄，吐槽一下自己的奇葩遭遇。这种需要倾诉的情感也是我们销售员能利用的开发新客户的销售武器。

在实战中，转介绍开发客户法会使我们的业绩大幅提升。转介绍而来的客户也会比自己单枪匹马开发的新客户购买更多的东西，他们对我们更加忠诚，信任度更强。而那些推荐新客户的老客户也会因为帮我们推荐成功而有特别的成就感，会比以前更为忠诚。

老客户转介绍新客户在销售界是一种成本低廉、成交效率高，客户信任感最容易建立，非常有效的开发新客户的方法。那么我们在具体落实这个方法的时候，需要抓住哪些关键点呢？

第一，哪些人能帮我们转介绍新客户？

一般而言，客户、员工、竞争对手、潜在客户、行业专家、行业协会组织等，这些都是我们可以发展的能帮我们转介绍新客户的人群。

在工业产品销售中，寻找竞争对手的销售员为我们介绍新客户，这几乎是销售高手最常使用、最喜欢使用的一招，简单高效，行业称这种现象为"飞单"。飞单是行业的普遍现象，销售员拿到订单给自己公司做，只赚1万元，而给别的公司做可能收入5万元，于是销售员往往会把订单拿到别的公司去做。

行业内的专家，由于其专家的身份，会接触更多的客户，而这些客户会对专家言听计从，所以行业内的专家也是我们销售员需要争取的优质人员。

第二，敢开口。

敢要求老客户转介绍新客户给我们，这是很关键的。

很多人都有怕惹麻烦，都有偷懒、省事的心理，所以，尽管老客户非常非常欣赏销售员，但也只有1%的老客户主动介绍新客户给我们。想让更多的老客户介绍新客户给我们，销售人员必须主动开口要求老客户帮我们转介绍新客户！

这是必须要去做的事情！

具体的话术是随机应变、因人而异的。例如，做水泵销售可以设计这样的话术：

张工，经过这几次拜访，和您相处，真正了解到您为人真诚、做事严谨，让我很敬佩。而且您是学给排水专业的，那现在有同学仍在给排水这个行业吗？

一般而言，客户都会说：有啊，有几个同学还在本专业做。

这个时候，我们销售员就要趁热打铁问：他们都在我们这个城市吗？

客户会说：有几个在我们这个城市。

销售员接下来可以做具体安排：哇，毕业后在一个城市还能有几个同学相互来往走动，这很难得。要不这样，这个周末，你约你这几个同学一起聚聚，我知道个钓鱼的场所在郊区，不仅可以钓鱼，还可以烧烤，我们去那里玩玩。一是周末放松放松，二是你们同学也能聚聚，加深下感情。

在设计要求客户转介绍话术的时候，切记不可直接要求，比如：

销售员说：张工，想必您有几个同学仍在做采购水泵相关的工作，能不能帮我介绍下，我去认识下他们？

张工：对不起，最近很忙，以后再说。

一般人是不会主动找事上身的，一般会用拖延法，把事情往后拖，直到双方都没兴趣再提，事情也就不了了之。所以，想让客户帮你转介绍新客户，一定要精心设计销售话术，话术里给客户提供便利，这样才能驱使客户兴高采烈地帮我们介绍新客户。

第三，给客户一个帮你转介绍客户的理由。

天下没有无缘无故的爱，凡事有果必有因，想让客户推荐新客户给你，那么客户为什么要帮你推荐新客户？

无外乎以情感人、以德服人、以利诱人这三招了。

以情感人：把客户发展为朋友，很单纯的友情，平时你也把他的事情处理得很好，客户也感谢我们。这个时候请求已是朋友的客户帮你介绍新客户，那么客户一般都会因感激我们而乐意介绍新客户给我们。

以德服人：有时候，我们的客户喜欢表现自己，喜欢赞誉，喜欢我们对他的认同和赞赏。这个时候我们多给他舞台，多让客户发光，多赞美他的影响力，那么水到渠成，我们要他介绍他熟悉的朋友给我们认识，他也会欣欣然去做的。

以利诱人：有时候我们遇到的客户很现实，遇到这样的客户，我们就直接跟他谈，让他满意，这样我们就可以顺利地得到他的转介绍。

第四，感谢。

客户帮你转介绍新的客户，不管成功与否，你都要感谢。感谢能促使老客户更加卖力地帮你再转介绍新客户。感谢老客户除了语言上的感谢，我们还需要有行动上的表达。

譬如，我们可以给老客户一个特价产品，并告诉老客户，这样做是感谢他为你介绍新客户，虽然最终新客户没有和我们签订合同，但感谢就是感谢，不以结果论。

用行动来表达对老客户介绍新客户给我们的感谢，方法是无穷无尽的。可以送老客户一个充电宝表达谢意，甚至可以手写一封信，通过信函来正式地表达我们对他介绍新客户的衷心感谢！

销售技巧万万种，但总要出乎于心，让客户感受到你的发自内心的热诚、真情，那么你的销售技巧哪怕是笨拙的、错误的，都可能感动客户，获得客户的赏识。销售本身是个冷冰冰的生意，唯独用上我们的"心"，用上我们的真情实感，方能使平凡的销售，变成你情我愿的双赢！

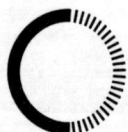

搞定客户的
中高层拍板人

在销售中，所有销售员都要面对一个坎，越过这个坎，销售成功就指日可待，越不过去，不仅仅面临丢单，更会因为没有成交而开始沮丧，甚至开始怀疑自己是否适合做销售。这个坎就是客户公司的高层领导，在销售界被称为拍板人。

在当今社会，一个底层销售员想征服或者"搞定"一个客户公司的高层领导，是相当难的事情。因为你掌握的资源有限，甚至这些资源客户根本看不上，你凭什么能把客户公司的高管征服或"搞定呢"？

我认为，销售人员想获得客户公司高层领导的支持，或通俗地讲就是"搞定"客户公司的高层领导，就必须发现领导的需求，通过满足领导需求来获得领导对我们的欣赏，从而得到领导对我们销售工作的支持。

想获得某人的支持，就要对某人的背景详细了解。譬如，你现在面对的是一个大公司的女性CEO，如果你想要达成自己的销售意愿，就要去了解她的年龄、受教育程度、婚姻情况、家庭情况、性格柔弱还是强势、公司的盈利情况等。了解了这些背景情况，你就能判断出她的思维模式，总结出她的需求，从而对症下药，最终获得她的欣赏和对你销售工作的支持。

举个例子，我在西门子工作的时候，有一次去拜访客户，发现对方技术部的领导在很多事情上对我都非常照顾，甚至多次在公开场合表示我们的产品不错。后来接触多了，我才明白其中的原因。这个领导经常被安排到美国去调研产品，去之前需要把人民币兑换成美元，一般人会去黑市上兑换，这样会亏很多钱。而我在和这个领导交谈的时候，透露过自己的工资是发放美元的，于是他有一次在出国前期就找我兑换了1万美元。因为我刚好能满足这个领导兑换美元的需求，自然就获得了他的欣赏和支持。

生活中，每个人都有烦恼和欲望，销售人员和客户交流的时候，一定要多听多问，多让客户说话，这样才能在客户的言语里发现需求。一旦发现需求，那么你满足其需求就有的放矢，可以"精准打击"了。

有的人会说，我不善于和客户聊天，不善于捕捉客户的需求，那我该怎么办？不要着急，即使你是一个不擅长聊天的销售员，在去拜访客户公司的高管时，只要在下面3个方面注意信息的释放和捕捉，也能获得客户公司高管的欣赏和支持。

一、告诉客户你是谁，与普通销售员有何不同

你的位置越低，越可能被客户公司的高层人士忽视，所以在销售时，尽量把自己包装下，普通销售员包装成销售经理，销售经理包装成区域销售总监等。因为企业交流时要遵循"组织对等"这一原则，销售人员通过职务上的一点"虚夸"，就可以和更高层的人进行交流，这也是社会进化后人性对销售的影响。社会上强强才能合作，强弱之间只能是强者征服或蔑视弱者。

二、销售员的安全性是客户公司高管极为在意的

客户公司的高管所处的位置决定他的一些决策会具备一定的风险性，如果他的决策能够让企业获得好处，那么，这些好处就会转化成他的职位资本和工作实力，俗称"捞政绩"。相反，如果他的某一个决策给企业带来了不利，那么企业内部一定会议论纷纷，甚至他职位上的竞争对手会趁机对他攻击，从而动摇他的位置，这叫失策。所以，一个高管对风险的敏感和管理，是其主导思维。

我有一个朋友是某国企集团公司的总经理，有一次我搭乘他的车返回省城，行车过程中，他的司机也参与了我们两个人的对话。他当时没说什么，几天后就把司机给换掉了。因为对他而言，他的司机必须是一个"哑巴"，否则就可能泄露他的一些秘密，从而给他带来麻烦。

一个企业高管都如此重视司机是否能给他带来安全感，而对销售人员来说，我们是生意的参与者，是生意的谋划者，更要给客户极高的安全感。只有这样，才能促使客户和我们进行生意合作。

三、如合作，所谋事情的投资回报比高是高管支持你的驱动力

如果一件事情风险是可控的，或者说风险是客户公司的高管可以承担的，那么他就会对这件事情进行投资回报比的计算。如果他计算这件事的投资和回报是合算的，那么他就会支持，反之，他就会反对。所以，销售人员要积极推动销售的进展，让客户公司的高管为我们锦上添花，而不是雪中送炭，只有这样才能让他支持我们的销售工作。

我曾在云贵地区销售煤矿用的西门子真空泵，当时贵州某矿务局的市场

很难打开，因为他们习惯性地采购山东省的国产真空泵，这种泵比我们的泵便宜一半，而且质量也不错，他们自然不会换供应商。

所以，我最初并没有去积极说服矿务局的领导采用我们的产品，而是和矿务局下属两个煤矿的真空泵操作工处好关系，让他们允许我提供两台真空泵安在他们现在使用的真空泵旁边。型号是一样的，两台泵轮换使用，同时请他们记下同样的工况下，我的泵耗电量是多少。

经过两个月的对比，两个操作工给了我他们现场使用的数据，证明在同样的工况下，我们的真空泵比山东真空泵要省电30%，真空泵的工作效率提高10%，而且把两个泵拆卸对比，发现我们的泵没有任何损坏，而山东的泵因为气蚀现象，叶轮已经损坏。

当我把这些数据给矿务局主管真空泵的领导看的时候，他很是惊讶，同时对我也很欣赏。我趁机告诉他，我们看产品不能仅看它会不会坏，还要看它的能耗多不多，能耗多的产品，耗费的是现金流。同样的一台泵，我每年能帮你省5000元电费，而矿务局最少有100台真空泵，一年能省下50万的电费！

试验是在矿务局下属的煤矿做的，这位领导通过电话核实了情况后，马上在矿务局搞起改革，把矿务局的真空泵按照使用年限做出逐步淘汰山东泵、采购西门子泵的规划，我也因此在这个矿务局实现了垄断式销售，从而打开了贵州真空泵的市场。

告诉你的客户你是位不错的销售员、你很安全、你的产品和服务是能给客户带去真正的利益的，只要你做到这3点，基本就能在战略上使客户公司的高管支持你了。

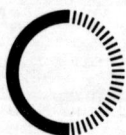

搞定交易中的
关键人

在销售过程中，和销售员打交道最多的人，不是你的同事，也不是你的朋友，更不是你的父母，而是你拜访的客户公司里那些一线基层工作人员。销售员几乎每天都和他们在一起，逢年过节更是要第一时间问候他们。

然而，有些事情并不是努力了就一定有回报的，即使你十分殷勤地对待这些客户公司里的基层工作人员，很多时候他们却对你视而不见。你邀请他们出来吃饭，他们拒绝。你提出合作，他们回答得模棱两可，甚至对你发去的问候短信视而不见。很多销售人员因此被搞得神经衰弱，不知道自己的销售工作该如何进行下去。

我曾亲自操刀过大概 300 个项目型大客户订单，拜访了至少 2000 名陌生的客户公司里的基层工作人员，从我的亲身经历来看，我认为销售人员只要满足了以下 3 个条件，与客户公司的基层工作人员打交道就会容易得多。

第一，采购你的产品，能让客户公司里的基层工作人员获得业绩

在职场上打拼的人，除非特殊情况，谁不期待自己的工作完成得更快更好更成功？这是所有职场人的心理期待，也是客户公司里基层工作人员的心理期待。期待就是需求，只有需求得到满足才会快乐。如果销售人员的工作能使客户公司里基层工作人员的工作更加成功，那么毫无疑问，销售人员即使不善言谈，即使不懂销售技巧，也会被他们追着要求合作。

湖北省鄂州市有一家钢铁公司，我曾两次到那里推销产品，都没有进展。因为当时我的大本营在武汉，首先需要把武汉地区经营得滴水不漏，然后再外出争夺市场，所以对鄂州的这家钢铁公司我就没有继续跟进。

结果 5 个月后，鄂州的那家钢铁公司竟然主动给我打电话询问有没有两台 90KW 的泵，并且马上要现货。我告诉对方因为这么大的泵太占公司的现金流，所以基本不会有哪家公司有现货。

客户又问我什么时候能到货，我说最快两天，并告诉客户我再和厂家确认一下。随后我给厂家打了一个电话，得到肯定的答复后，我马上给鄂州的那家钢铁公司打电话，告诉他们两天肯定能到货。

听了我的答复，对方马上和我商量能不能立刻让厂家去生产，明天再来武汉和我签订合同，这样能加快产品到货时间。我告诉他们："生意想要长久，就靠诚信二字，我信你们，我现在就安排厂家去生产。"

仅仅 10 分钟时间，我就谈妥了两台 90KW 的泵的订单，事后我才知道其中的详细原因。原来，鄂州的这家钢铁公司在汽轮机大修期间，请的是德国专家来修，一天需要支付两万美元。但是汽轮机凝结器的配套泵坏了，需要立刻更换新泵，否则德国专家就只能在宾馆休息，却每天白拿两万美元，所以钢铁公司才会这么着急采购两台水泵。结果问了很多家，都没有现货，

最快到货也需要 3~4 天，而我却承诺只需要 2 天。因为能够在最短的时间内把产品提供给他们，帮助他们节约了成本，所以他们连价格都没砍就和我签订了合同。

很多时候，客户公司里的工作人员就是这么现实，谁能解决他们的问题，谁能帮助他们，使他们的工作更成功，他们就采购谁的产品。

第二，采购你的产品，客户公司里的基层工作人员可以获得利益

很多销售新手在开发客户的时候，通常会说这样一句话："我们公司有感谢费。"这句话表面上看似能拉近你和客户的关系，其实一点用都没有。因为这句话客户每天听不同厂家的销售员讲过无数遍，早已经免疫和无感。你能给的，其他人也能给，这个条件或筹码就没任何吸引力了。珍贵的永远是稀缺，所以销售员除了会说人人会说的套话外，还必须了解你的客户想要什么，给他们想要的，才是真正的吸引力。

客户渴望的利益，无非就是个人利益和公司利益，但是绝大多数的销售员都聚焦在尽量满足客户的个人利益，比如请客户吃饭、唱歌、谈谈回扣之类上，而这人人都会。很少有销售员把竞争点放在满足客户的公司利益上，因为这需要销售员更高水平的判断力和眼界、学识、阅历、人脉等等。

2013 年，我做新能源汽车的 BMS 电池管理系统时，拜访过很多生产汽车的大公司，所到之处都非常受欢迎。因为那时大家对这一新兴行业都很陌生，处在一个学习的阶段，而我以专业的电池管理系统专家的身份，向这个新行业的从业者传播新的技术和新的产品，对他们公司选择、整合产品都起到一个参考作用。

比如，山东的某个新能源汽车厂，它们的车辆在淄博市做公交线路试点

时，偶尔会出现汽车电池管理软件误报的情况，因此我在拜访客户的时候，当他们提到这一问题时，我就从"为什么会误报？当误报的时候一般是发生了什么事情？如何解决误报？"这3点出发，系统地讲解了因为厂家的技术流派不一样，也就生产出不同技术风格的产品，同时向客户推出我们的产品技术、我们的产品现状、我们的解决方案，从而和这家新能源汽车厂签订先试用一台新能源汽车，然后再大批量采购的合作协议。

如果销售员的工作能让客户公司层面的忧虑、烦恼、痛苦都得到解决，也就是给客户公司里的基层工作人员带来利益，那么这样的利益远远要比请他吃饭、给他回扣有吸引力得多。

第三，采购你的产品，能使客户公司里的基层工作人员感受到你是靠谱的，双方合作是有未来的

俗话说："不怕神一样的对手，就怕猪一样的队友。"客户也希望自己的供应商能够靠谱和稳定，只有这样，双方才能走更远的路，才有未来，才能真正做到供销双赢。

在销售实战中，一个销售员跳槽频繁或一个厂家的销售员更换太频繁都会引起客户的抵触和反感。客户这个月还和销售员张三称兄道弟，结果下月张三被开除了，换成李四和你谈合作。在这种情况下，客户会喜欢和这样的厂家合作吗？所以，销售员想搞定客户公司里的基层工作人员，还必须向他们证明你是靠谱和稳定的，是准备打持久战的，而不是打一枪换一个地方。

我手下的一个销售员曾去江西开发某铜矿市场，这个铜矿被竞争对手高度垄断，久攻不下，这个销售员硬是不急不躁地熬了一年零两个月，最终得到客户的认可，获得一个合作的机会，从而为后来全面占领市场打下了基础。后来这家铜矿的领导来我公司考察，在和他聊天的时候，谈到这个销售员。他问我："倪总，你知道我为什么会放弃原来的供应商，转而和你的销售员合作吗？"

我说："我真不知道，曾经问过他，但是他不说。"

铜矿的领导说："我们一开始也不太相信你的手下，但是他每次来拜访我们时，尽管受到冷遇，却总是递给我们一张名片。一年后，我数了一下他给我的名片，竟然有 57 张。他刚开始做销售，没有什么钱，过年时其他公司的销售员都给我们送挂历、台历或者其他礼品，他却送给我们每人一个苹果，苹果上居然还贴着写有祝福语的小字条。他的认真和固执感动了下面的工程师，于是就给他一个小合同做做，结果发现产品质量、售后服务都很优质，所以我们公司就慢慢地接受了他，也接受了你的公司。"

在多年的销售工作中，我听到过很多抱怨，说自己公司产品质量不是很好，说自己公司产品价格高、没有竞争力，说自己公司业务费用很低、没办法更好地开发市场。我们既然改变不了这些事实，那就努力行动起来。弱者和强者的区别是弱者只会抱怨、发牢骚，而强者会行动起来，去做事，不轻言放弃，可能一开始会被拒绝、会失败，但是慢慢地就从试错开始变成了强者！

让我们都做行动的巨人，不要做语言的巨人！

促成交易的秘诀

我经常收到销售员朋友的来信，很多人在信中都提到一个问题，说和客户交流时谈得都很好，但客户就是不下单采购；还有销售员说，来到店里的客户也很多，但往往是看了几眼，等销售员走上前攀谈时，客户随意找个借口就转身走了，无法形成交易，请问这种情况如何处理？

这类现象其实每个销售员都不陌生，它是销售中经常出现的一幕，我们大客户销售界称这种现象为"停滞"。意思是销售员签单受到阻力，不能正常进行，以至于无法顺利成交。出现停滞的原因一般有两种：

1. 产品上的原因。
2. 商务上的原因。

解决销售中出现的"停滞"现象，是销售员一项重要的工作，也是销售成交的最后一脚。这一脚踢得好坏，决定生意能不能成交，所以它非常重要。那么，为什么会出现客户平时都谈得不错，但总是不主动下单采购的情况呢？

原因很简单，人的天性是追求自己的利益最大化，与这天性相匹配的，就是怕自己吃亏。所以，当客户不确定自己的利益是不是最大化的时候，往往是按兵不动的，他需要再判断一下，自己现在就买，会不会吃亏。

我以前做真空泵销售总监的时候，有个天津办事处的销售员给我打电话求助，说他拜访了唐山市的一家钢铁企业，经过两个月的交流，客户的采购员同意签订合同，甚至打电话让他周一从天津赶到唐山去签合同。但是当这个销售员周一从天津到了唐山之后，客户的采购员总是找借口不签订合同，一会儿说领导不在出差去了，一会儿又说合同需要再看看，一会儿又说需要降价，如果不降价，他们就采购其他厂家的真空泵。这个销售员在客户那里从周一待到周五，合同还没签订下来，几乎崩溃了，就打电话来问我，下一步怎么开展工作。

我在电话里说："他对我们的技术认可吗？"

销售员说："认可，已经做了两次技术交流会，技术上是认可的。"

我说："技术上认可，那么剩下的就是商务问题，那么商务这块你和客户沟通好了吗？"

销售员说："商务这块也沟通了。"

我说："你怎么说的？"

销售员说："我说谢谢你的帮助，事成之后我们会上门感谢的。"

我说："其他还说了什么？"

销售员："其他就没说了。"

我说："这就是你生意出现停滞的原因。你只是表达了你会感谢他，但是你没有明确表达你感谢他什么。客户不清楚你真正的感谢内容，他怕一旦和你签订合同，你的感谢不是他想要的，他就吃亏了，所以他才制造了那么多阻力来暗示你。"

我说："你今天晚上给采购员打个电话，明确地告诉他你怎么感谢他、用什么感谢他。"

销售员按照我的指示晚上跟客户做了沟通，结果第二天中午，销售员就打来电话说，合同已经签订了。

在销售实战中，我们销售人员的工作一旦受阻，就要考虑是商务问题还是产品的问题。一旦发现了问题，解决了问题，我们就可以顺利地走下去直到签单。

第一个问题：现在就购买，有没有必要？

人都有拖延症，尤其是花费较多的资金去购买产品的时候，总是担心吃亏，于是就出现光看不买的现象。要解决这个问题，销售人员必须让客户认识到现在就购买是非常非常必要的。

比如，我们和客户交流得不错的时候，客户对我们产品和商务都接受，只是把钱从口袋里掏出来总是痛苦的，这个时候，客户就会把签订合同的事情尽量往后面拖一拖。

在这样的场景下，我们就可以对客户说：

张工，您得和您的领导反映一下，我们的产品是进口的，海运进来，海上风险多，一般需要6个月的到货期。您可以问问领导什么时候把我们的事情确认下来，别到时候耽误了你们的工期。

这样用供货期可能会影响客户的工作进度来强调现在就购买的重要性，在销售员与客户关系良好的情况下，往往能起到一定的作用。

第二个问题：客户是不是感觉占了很大便宜？

每一个人都有占小便宜的心理，2017 年"双 11"这天，天猫实现了 1682 亿元人民币的销售额。能达成这个业绩的关键促进因素无疑是人们普遍存在的贪小便宜的习惯，这个习惯导致很多人把平时要买的东西，都集中到了"双 11"这天购买，于是厂家和消费者联手创造了电商的一个又一个"双 11"销售额奇迹。

作为一名销售员，在你遇到阻力的时候，当你的工作陷入停滞的状态的时候，你有没有反思，你的销售活动有没有让消费者感觉必须现在购买，现在购买就是占便宜，现在不购买就吃亏了？

第三个问题：安全的担忧

不管销售员说得多好，产品买了之后万一出了问题，我该怎么办？

现在购买了，万一过几天买的产品降价了，那我岂不是吃亏了？

现在这款产品看起来适合我，但是，过几天，我又发现更好的更适合我的产品怎么办？

在购买之前，消费者总是有这样那样的担忧和顾虑，归根结底无非是怕自己吃亏上当，无非是怕自己的利益无法得到保障。

面对这样的心理，我们销售人员一定要在客户面前塑造我们是个大公司，是一家著名企业，我们的产品、我们的售后都是严格有保证的。这能打消客户的种种顾虑。

销售工作出现了"停滞"，无非是商务或产品这两点我们销售人员没宣传到位，以至于客户还有疑虑和担忧所造成的。而解决"停滞"这一问题，我们只要依据和塑造以下印象，一般都可以顺利成交。即："客户现在购买是非常必要的；客户现在购买实际上是占了极大的便宜的；由于我们是一家大公司、著名品牌，所以客户现在购买、任何时候购买都没有后顾之忧。"

没错，只要我们依据和塑造这 3 点印象去影响客户，就可以顺利打破"停滞"状态，完成交易。

签订合同时的
谈判术

在销售中，有一个必经环节，那就是合同签订前的商务谈判，这个环节是让销售人员最快乐也最痛苦的，快乐是因为谈得顺畅我们就可以实现销售人员的最终目标——签约了；痛苦是因为假设谈得不顺畅，销售活动就陷入停滞状态，严重的甚至可能谈判破裂，双方分道扬镳，反目成仇。

谈判真是所有销售人员既期待又有点担忧的矛盾环节啊，但我想说的是，销售人员只要把销售流程的前几个环节做好了、做扎实了，就大可不必忧心忡忡。毕竟罗马不是一天建成的，而谈判的成败仅仅是你前期工作做得如何的一种反映罢了。

作为一名专业的销售人员，前期工作如果做得不好，即使你谈判水平再厉害，也拿不到订单，因为你连进入谈判的资格都没有。即使进了谈判环节，那也是陪标的、陪谈的。

所以，从某种程度上来说，谈判既是甲乙双方争取各自利益的战场，也是销售人员和客户关系深厚程度的一种检验。销售人员和客户关系越是深厚，谈判就越简单，反之，关系一般的话，谈判就会比较有难度。

关于谈判环节，我们销售员需要了解它的 3 个核心要素：

1. 我们和谁谈？
2. 我们谈什么？
3. 销售方怎么谈能让客户方接受？

怎么判断客户能不能接受呢？有一个很简单的检测标准，就是谈的条款自己如果能接受，就做出决策，就可以签约，就这么简单。

☑ 我们先来说谈判和谁谈的问题。

销售员的谈判如果金额不大，比如 10 万元人民币以内，基本上，销售员会作为卖方的代表，而客户的采购人员或技术人员会作为买方的代表，他们两个人就可以进行谈判。这个级别的谈判，与其说是谈判，不如说是沟通，因为谈判时客户的谈判手往往是销售员日常销售拜访的那个工作对接人。彼此都有交情，这样的谈判其实就是沟通，双方各自把想了解的事情沟通清楚了，就可以签约了。

这样小金额的合同谈判，如果销售员和客户关系不错，一般都是关系第一，合同的条款双方都不会过于坚持，基本上双方谁让步都可以，毕竟为一块钱吵半天架的人是少见的。

金额超过 10 万但不超过 30 万，那么谈判的人可能会复杂一点，销售方仍是销售员一个人，而客户则可能出现两个人，一个是谈判手，一个是谈判手的领导。这个情况估计是普通销售人员遇见的最复杂的谈判了，这个金额说大不大、说小不小，一些条款谈判手无权确认还要带上他的领导，而他的领导为了显示自己的能力，要拼命打压销售人员的条款。所以，这类金额的谈判谈起来是最累的，也是销售人员要做最多让步的。

当金额超过 30 万，按照国家相关法规，一般就都是招标采购了。而招标采购在文件内已经附上了合同条款，中标方几乎是不需要谈判，就可以和客户签订合同。所以金额达到招标规定金额的 30 万，这类合同谈判反而更简单，与其说是谈判，不如说是简单沟通一下，确认自己确实有履约能力，只要能力得到确认，就可以签订了。

☑ 以上是我们销售员和谁谈的问题，接下来讲一下合同谈判谈什么，也就是谈判的内容。

合同谈判谈的内容无非是：价格、付款方式、数量、交货期、产品依据什么标准生产（比如依据国标 2858 标准）、售后服务、质保金等等。销售人员对自己的底牌基本上都是清楚的，而客户也有自己的采购底牌，销售方和采购方各自的底牌可能不一致，于是就出现了谈判中的异议和争执。

所以，谈判谈什么？无非是就价格、付款方式、交货期等这些内容，做出一个清晰的共识，大家形成一个意见，最后成交。

☑ 那么，知道了和谁谈、谈什么之后，我们销售员还必须掌握"怎么谈"这个技巧，这才是真正左右谈判结果的要素。

在怎么谈这个环节，我建议销售人员不要不做准备上去就谈，这样的蛮干最好永远不要出现在销售人员身上。做任何事情都谋定而后动，做个有智慧的销售人员。

我们该怎样谋划"怎么谈"这个环节呢？

☑ 1. 我们事先要搞定前来谈判的人。 各位小伙伴设想一下，如果谈判是一场争斗博弈的游戏的话，而对方的谈判手是我方的内线，支持我方，那么，我们这方把谈判结果谈成我们想要的，那不就是一件5个手指捏田螺的简单事情吗？所以，第一点，我们要尽量早做工作，在谈判还没开始之前，就打探出谁负责和我们谈判，然后提前接触，争取把前来谈判的人发展成我们的内线，让他支持我们。

☑ 2. 我们要提前知道客户的底牌，知道客户想要什么，然后给客户最想要的。 当我们知道客户想要什么的时候，知道客户为想要的愿意付出什么代价的时候，销售人员就可以制定相应的策略了。

有一次，我去要一笔设备的尾款，因为产品出现过两次质量事故，去的维修人员也没修好，客户借此不给我们剩下的货物尾款。但是年底了，我公司也有回款的任务，在这个大背景下，公司总裁安排我去，把这家公司的尾款给收回。

在去的时候，我其实已经考虑好了，催尾款，我要找对人。找错了人的话，不仅货款收不回，还可能把这个矛盾激发到不可收拾的地步。

在路上，我思考了两个问题：

1. 如果客户把采购我们产品的行为定义为一次失败的采购的话，客户内部利益损失最大的人是谁？

2. 这个利益损失最大的人，他最想要什么？

经过思考，我确定：客户的拍板人是利益损失最大者，因为这个项目的设备采购是他统一负责的，如果这次采购失败，那么他就有把柄被他的同事抓住，这对他的晋升和在公司的威望都是极大的损害。而我们公司产品出现质量问题这个事情现在还没有到无法收拾的地步，还没有形成一个句号。我们正在解决，只要解决掉这个问题，去掉风险，我就会得到客户拍板人的支持。

于是，我去客户那里，约了拍板人。我向他表态，公司派我是来收款的，也是来解决问题的。我决定把这批货发回去返修，然后直接发新产品过来。新产品出厂前我会要求做严格检修，保证不出问题。

发新产品能解决老产品的质量问题，只要新产品不出问题，就能堵住客户内部的悠悠众口。客户的拍板人听了我的解决方案，认为可行，于是就安排了付款。我走了他们公司内部一个回款流程，得以顺利地收回尾款。

虽然外界多宣传合同谈判需要如何如何的技巧，谈判过程如何如何宏大和变幻莫测，其实在我们销售界，谈判是一件小事，是我们销售流程中的一个步骤，既不渺小也不伟大。而做好它的关键是，在整个销售流程中，合同谈判前的几个流程是不是都按部就班完成得很好。如果都完成得很好，合同谈判就是一件水到渠成的事情；如果前几个流程做得不好，合同谈判就是一件力挽狂澜甚至让你痛苦的事情。而想力挽狂澜扭转前面环节的不利，那么在合同谈判这一环节，我们必须要做好两件事情：

1. 事先搞定前来谈判的客户的人。
2. 事先知道客户想要什么和他愿意付出的代价。

做到这两点，我们就知己知彼百战不殆了。

　　有人可能会说，你说的好像理论上是如此，但谈判是复杂多变的，我们需要在谈判现场可以使用的干货。我想这样跟你说，如果一件事情的结局要靠现场反馈来左右的话，其实你基本上就输了。你一定要认识到这一点，合同谈判只是销售诸多环节中的一环，前面的环节做不好，这个环节肯定不行，前面的环节做好了，这个环节自然畅通，无技巧都可以越过它，这是一种惯性。如果你真的要一些临场应对术的话，我建议你可以多去读读《三十六计》,《三十六计》中的每条计谋几乎都可以用在谈判中。

向客户赠送
小礼物的建议

中国人一向崇尚礼尚往来。人们之间交往为加深感情相互赠送礼物，是人类社会生活中不可或缺的交往内容。

《礼记·曲礼上》说："礼尚往来，往而不来，非礼也，来而不往，亦非礼也。"史书中曾有因礼物送得不及时或不周到而引发战争的记载。如春秋时期，因楚国没有按时向周天子送一车茅草，而引发了中原各国联盟大举伐楚的战争。

送礼是普遍存在的社会现象，它存在于人类社会的各个时期、各个地区。一件理想的礼品，对赠送者和接受者来说，都能表达出某种特殊的愿望，传递出某种特殊的信息。

在销售工作中，销售人员为了加深客户感情而主动向客户馈赠小礼物，是一种工作常态。但需要注意的是，销售人员馈赠礼物给客户时，要把握一个度，不要触犯法律，也不要触犯接受者的尊严。

一位 IT 软件服务公司的董事长曾来信向我咨询，他说有个客户同自己关系很不错，他送客户一件小礼物，客户拒绝了，并发短信给他让他拿回去，他回短信说：你收下吧。

结果客户硬是没收，而是快递给他们公司。

这位董事长很诧异，为什么礼物送不出去呢?

礼物送不出去，无非是 3 个原因：

1. 送的礼物，不是接受者喜欢的，所以别人拒绝。

2. 送的礼物，超出法律允许，接受者不敢收。

3. 送礼物时，语言不够柔顺，让客户觉得送礼者心不诚，所以不愿接受馈赠。

从这位董事长的描述来看，其送礼的态度比较生疏，很明显属于第 3 种情况。当客户发短信说让送礼者拿回礼物时，我们可以理解为，客户接受我们的礼品，他可能觉得无功不受禄，有点不好意思，是需要我们给他一个台阶的，这样他就收得安心放心了。这种情况下，送礼者一般要说：

张总，我已经上了回公司的火车了，东西就是家乡的小特产，几十元，不值钱，您就收下吧。

这样的借口让客户有个理由接受。客户有个台阶下，一般就半推半就地接受了。

但是在实战中，送礼者的话术如果是"你收下吧"，就不太妥当。这句话自上而下，有点领导吩咐下属的感觉。客户本来就觉得无功不受禄，心理上有个关卡，再遇上"你收下吧"这样的话语，他可能就感觉送礼者的态度不够坚决，所以就拒绝接受礼品了。

所以，我们有时候要安抚客户的心理情绪，不能让客户感到难堪或不安，否则客户一般都会拒绝的。那么，除了要照顾客户的心理，我们还需要注意哪些方面呢？

我们最少要做到下面 3 点：

第 1 点：善用登门槛效应

登门槛效应又称为得寸进尺效应，指一个人一旦接受了他人的一个微不足道的要求，为了给他人一个前后一致的印象，就有可能接受更多的要求。就像登门槛时要一级台阶一级台阶地登，这样能更容易更顺利地登上高处。

在销售工作的送礼环节，我们可以这样一步一步登门槛，如：

第一次见客户，带上一块巧克力，一般价格就是 2~3 元。第一次见到客户，就送个巧克力给客户，或夏天去拜访客户的时候买一根棒冰送给客户，一根棒冰也就是 1~2 元的事情。没有人认为拿了你 1 元钱 2 元钱的小食品是行贿受贿，所以客户心理上无压力，一般都会接受。这就是登门槛效应的第一级台阶。

第二次见客户，我们可以送印有公司 logo 的小礼品给客户。比如，一个印有公司名称的 U 盘，或者印有公司 logo 的充电宝，这类东西价值就是 20 元、30 元，但是印上公司的 logo，销售人员可以对客户说这是公司统一安排销售员送给客户的。

客户一听这个小东西是销售员公司统一送给客户的，不要白不要，于是接受这个东西就理所当然了。

第三次见客户，我们可以送一些新鲜水果，或一盒茶叶、瓜子给客户，告诉客户，这是销售人员自己家里种的，不值钱，但是全天然、无农药，所以特地拿给客户品尝品尝。

于是，我们每次见客户都送点小东西，一是每次见面客户都能得到一些利益，所以客户喜欢我们去拜访他。二是登门槛效应慢慢起作用，客户习惯性地接受我们的礼品，为我们后面的工作打下了良好的基础。

想顺利把礼物送出去，我们还必须做到第 2 点：送客户喜欢的

人都有自己的喜好。对不喜欢的往往看一眼都难。我喜欢看喜剧电影，遇到周星驰的片子一定会看，假设遇到其他类型的电影，我可能看都不看直接忽略了。

俗话说：

爱上一个人，就爱上一座城。

爱上一壶茶，就记住一个人。

两者是同一个道理。所以，送礼我们要送客户喜欢的。那怎么知道客户喜欢什么呢？

这就要求销售人员每次拜访客户的时候，注意眼睛观察和耳朵聆听，眼睛观察客户办公室的物件摆放，看看有没有反映出客户喜好的东西。比如，我有一次去拜访一位大学教授，发现他办公室内有个小办公桌，上面放着厚厚一摞报纸，报纸上是随手写的毛笔书法字体，从这个摆放可以明显看出，这个教授是喜欢练习书法的。

于是，在后面的工作中，我就安排销售人员去拜访教授的时候，送去安徽宣城的宣纸，专门写书法用的。客户很高兴，就接受了。

除了眼睛观察，销售人员还必须善于聆听，捕捉客户透露出的信息。比如我们在与客户交流的时候，可以问客户：

张工，您平时有什么爱好？

如果客户说喜欢钓鱼，那么，在未来，你送客户钓鱼的器械或直接送钓鱼票，不失为一个好的方法。送礼我们不仅仅送给客户，有时候还可以送给客户喜欢的人。

比如，我有一次拜访一个客户公司的董事长，聊天的时候，客户公司的董事长说，他的小孩在上海做私募基金销售。这句话我听到了、记住了，后来有机会，我就把他小孩推荐给上海一位很有名的基金操盘手，帮董事长的小孩对接生意。这样的举动也获得了董事长的欢迎和喜欢。

想顺利把礼物送出去，我们还必须做到第 3 点：弱化送礼行为

销售人员最傻的行为可能是在请客户吃饭的酒桌上，主动和客户谈生意采购：你请客户吃顿饭，就问客户要一笔订单——这种急功近利的做法，相信很多客户会很反感。这种行为，往往会把客户吓跑。

我们送礼的目的或请客的目的，是为了未来生意的成交，但我们千万不能今天送了礼，明天就要求客户给回报，把订单给过来，如此急功近利，可能原本很好的客户关系都会崩溃。

所以，销售人员要学会弱化行为，掩盖或模糊我们的销售主张。唯有多弱化行为，模糊我们的销售主张，客户对我们的防范警惕之心才会消除，我们才能真正以朋友的角色，而不是以销售员的角色走进客户的内心。

我有个千万富翁朋友，是做阀门生意的，他告诉我送礼的秘诀是：

忘记。

你送了之后一定要学会忘记，要当作什么都没发生，平时怎么和客户相处，现在也一样和客户相处，我们要忘记期待客户给予我们回报的想法，虽然我们的内心很期待客户能给予我们回报。

我们忘记了，所以我们如平时一样对客户尊崇，不给客户任何压力，而客户其实不会忘记，他会在需要的时候帮我们一把的。

技巧虽小，但却有效，我们要：第一善用登门槛效应，第二送客户喜欢的，第三弱化送礼行为。当你真正掌握这 3 个销售中小小的送礼技巧的时候，我相信你收获的不仅仅是订单，更重要的是你学会了为人处世之道。这会让你和客户的关系更加融洽，使你在销售工作中受益匪浅。

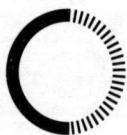

处理客户异议的
6种方法

在销售过程中，销售人员难免会遇到客户抱怨、反对、质疑、投诉等负面的东西，这在销售界一般称为"客户的异议"。当销售人员遇到客户有异议甚至反对时，不要灰心丧气，而应该把这理解为一种成功、一种成就。因为在销售过程中，最怕遇到"闷葫芦"——不论你说什么，他只是听，不发表任何意见。而当客户提出异议，证明他认真听了你的产品介绍，并且对你的产品有兴趣，所以才会根据自己的需求提出异议。这时候的异议背后暗藏的信息是：存在成交的希望，但还得不到完全的满足。这时候销售员就要考虑怎么调整自己的方案，为自己争取到更大机会。

如果异议发生在成交之后，则存在一些固定的应对技巧。比如，当客户有异议时，销售人员要先辨别这些异议的真假再进行反馈，千万不要一听到异议，就马上给予响应。有时候客户的异议只是发泄一下心中的烦躁，不一定需要销售人员去处理，我们一笑而过即可。

有一次我去贵州某个煤矿催收货款，由于公司提供的产品出现了一些小问题，虽然矿长同意付款，但是付款流程上需要技术工程师签字。

当我见到技术工程师时，他表现得很不耐烦，说："你们的产品质量那么差，来人维修也没修好，如果是我采购，送给我我都不要，你们居然还要尾款？"遇到客户公司的工程师这样的态度，我们怎么办？难道和他辩论？那样不就把问题弄复杂了吗？

聪明的销售员不会无事生非、自找麻烦，我只是微微一笑，递给他一根烟，说："我们都是跑腿的，具体事情不清楚，你们矿长让我来找你，还请你理解，下次我把销售员给你带来，你扇他几个耳光解解气。"说完，我把催款的信函给了这个工程师，这个工程师边看边发牢骚，但还是在我的请款申请上签了字。

在这个案例里，客户的工程师虽然愤慨、有情绪，但他在公司并没有决策权，所以他的异议只是发发牢骚而已，并不能真正影响事情的进展。所以，销售人员没必要去关注和解决他的牢骚，只要说几句让他下台阶的话，结束这个牢骚即可。

所以，并不是所有的客户异议都是需要销售人员处理的，但如果是真正的客户的异议，销售人员必须去处理！因此销售人员一定要能分辨出客户的异议是真的还是假的！那么，如何判定客户的异议是真的还是假的呢？

客户的异议无非是 3 个原因引起的，分别是：**1. 客户的认知。2. 销售员的问题。3. 产品的问题。**

对客户的异议，作为销售人员一定要清晰地知道到底是自己造成的，还是我们的产品造成的。如果我们判断出导致客户产生异议的原因不是销售员和产品造成的，那么就只有一种可能，是客户的认知造成的。

假设造成客户的异议的原因是销售员或产品，那么我们就要组织语言，精心设计话术，来缓和、解决客户的异议。比如，我们和客户已经签订合同，合同约定 1 月 8 日到货，但是到 1 月 10 日，产品仍然未到货。这个时候客户的异议就产生了，就会打电话去质问销售员："你不是说1月8日到货，现在是10日了，还不到货。今天晚上你们的货再不到，我们就不要了，你们自己拉回去！"

有经验的销售人员显然不会任由客户发火，如果客户持续发火，可能导致事情陷入无法收拾的境地。有经验的销售员会先认同客户的说法，然后委婉地提出自己的难处，最后说出弥补办法。比如，销售员可以这样说：

张工，接到您的电话我都哭了，我今天给我们公司已经打了30多个电话了，在催货。我说再不到货，客户就一把火把我们产品烧了。结果公司告诉我没办法，送货车在高速上因为遇到团雾出了车祸，延误了两天，但是车已经修好了，保证今天能到，今天不到明天肯定到。

张工，既然厂里这样说了，您就再等一天呗，如果明天再不到，我们两个把车子烧了去。对了，我下周就去您那里一趟……

这样的话术，一般可以浇灭客户的怒火。

很多时候，客户的投诉是因为他的认知有问题。比如，客户会对我们说："你们产品的价格太高了，假如把价格降到和某某厂家一样，我就采购你的！"在这样的客户的认知里，我们公司的产品价格降到和竞争对手一样才算有诚意。遇到这样的客户，我们原则上也是不得罪他，先肯定他的想法，然后再向他表明我们的价格是合理的。我们可以这样设置话术：

张工，我很敬仰您为公司节约每一分钱的敬业思想，说实在的，这年头为公司考虑的人不多了，对您我是衷心地敬佩。我们这款产品虽然还有点降价的空间，但说实在话，我们的产品如同汽车界的宝马，某某的产品如同汽车界的桑塔纳，您让宝马车和桑塔纳一个价格，这让我很为难。别人假设能做到，一定是偷工减料，一定是事故车。关于价格问题，我到时请示领导，帮您申请个特价，这算是我对认真工作的人的一种敬仰吧，然后再不能降价了哦！

所以，当客户出现异议时，是一件可喜的事情。面对客户的异议，我们不要本能地去反驳客户，而要从引发异议的三要素——销售员自身、销售员的产品、客户的认知——这三个角度去思考，究竟是哪个环节出错了。如果是销售员和产品的问题，我们要巧妙地道歉和提出问题的解决办法。如果是客户的认知出了问题，我们也不要嘲笑和反击，而是给他一个台阶，让他愉快地接受我们的意见。总之，客户能对你说出他的异议是一件好事，销售员可以借助异议进一步推广宣传自己的产品，加深客户对我们的印象，为成交打下一个绝佳的基础。

异议有时候会发生在一瞬间，你还没做好准备，可能直接就被客户的一个异议问蒙了。比如，你正在积极地向客户介绍公司的产品如何性能优良的时候，客户忽然插一句话："我刚刚手机搜索了一下，发现网络上不少人说你们公司的产品质量很差，不建议购买。"遇上这样突然的异议是不是有点蒙？那么，有没有一种处理异议的万能公式，让我们可以依据形势，以固定套路来应对客户的万般变化呢？答案是肯定的。

在销售界，一般采用 LSCPA 五步法去处理客户异议。所谓的 LSCPA 其实是 5 个英文单词的首写字母的合成，这 5 个英文单词是：listen（聆听）、share（认同）、clarify（澄清）、present（提出建议）、action（行动），也就是第 1 步聆听客户，第 2 步认同客户，第 3 步弄清问题，第 4 步提出问题解决方案，第 5 步建议行动。当我们遇见比较难以解决的客户异议时，就需要精心组织自己的话术，运用 LSCPA 五步法，一步步化解客户的异议，让客户感受到我们的诚意。

比如，销售人员去拜访一个化工厂的采购员，当我们向他表明来意后，这个化工厂的采购员对我们说："不好意思，你来晚了，我们已经有了固定的供应商了。"

面对这样的客户异议，销售人员完全可以遵循 LSCPA 法，设计自己的应对话术。第1步：聆听客户。当客户说话的时候，我们就要进入一种热情的聆听状态。聆听不仅仅是一种工作能力，它更是销售人员修养的体现，很多人无法给客户留下良好印象都是从不会或不愿倾听开始的。所以当客户一开口说话的时候，我们就立即启动聆听状态，当听完客户的异议后，我们就自动进入五步法的第2步：认同客户。

在认同客户阶段，我们的话术可以是这样的："张工，我理解，像你们这样的大公司，在行业里赫赫有名，一定有很多优秀的厂商抢着和你们做生意。"这句话就是认同，在表达我们的认同之后，我们就要进入五步法的第3步：弄清问题。其实，在这个异议里面，客户的问题是简单清晰的，就是因为他有了老供应商而不愿意接受我们，所以，这个环节我们可以省略，直接进入第4步：提出问题解决方案。

第4步的话术可以这样设计："张工，我这次来专程拜访您，就是因为我们的产品和其他优秀的友商相比，有着自己的独到之处，所以冒昧打扰您，期待能在您的供应商中插个队，也让您在做设备采购的时候多一个选择。"在第4步话术说完的时候，我们可以沉默一下，看客户采购员的反馈。如果他有其他的话说，我们再依据他所说的内容组织语言进行反馈，如果客户在听我们说完以后没有立即反馈，销售人员可以进入第5步：建议行动。

具体的话术可以是这样的："张工，我们的产品还是不错的，有自己的独到之处，比如在 ×× 领域，我们就做到了全国第一，还是期待张工能给我们一些机会。哪怕一次只买 1000 元的货也没关系，让我有个证明我们产品的机会就可以。"

在解决客户的异议时运用这样的话术，能够向客户传递出我们积极进取的心态，即使当场不成交，也会给客户留下极好的印象，为未来的合作打下很扎实的根基。

我们再回到前面举的那个例子，当你正在积极地向客户介绍公司的产品如何性能优良的时候，客户忽然插一句话："我刚刚手机搜索了一下，发现网络上不少人说你们公司的产品质量很差，不建议购买。"遇到这样的异议，我们可以这样说："张工，您的观察好敏锐，这都逃不过您的法眼。网上确实有人在抹黑我们公司，其实是公司以前的一个销售人员私下开了一家公司，把公司的订单转到他自己的公司，老板知道后就把他开除了，结果他就跑到网上去诬蔑我们公司。网上的言论不用负责，我们也没有办法。不过谣言止于智者，我建议张工不如这个周六到我们工厂去考察一下，看看我们工厂的实力，确定下真伪，您看周六上午我在哪个地方接您？"

上面的话术就是运用 LSCPA 五步法处理异议的实战典型，那么在这段话里，哪一句是认同？哪一句是弄清问题？哪一句是问题解决方案？哪一句又是建议行动？各位读者可以放下书思考一下。

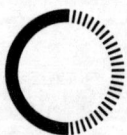

女性销售员
如何聪明应付客户骚扰

　　销售是一个与人打交道的职业，既然是与人打交道，除了工作上的交流之外，免不了还会夹杂着个人的私下交流。俗话说同性相斥，异性相吸，一些女性销售人员，她们在与客户打交道过程中，更容易受到来自异性客户的非工作邀约。

　　这些邀约虽然不代表客户一定有工作之外的想法，但对女性销售却是一种生活上和思想上的干扰，尤其是对已婚或者有男友的女性销售而言，答应客户的工作之外的邀约可能会造成一些不必要的误会，拒绝客户又担心可能会因此影响生意最终成交。

　　如何妥善处理客户工作之外的邀约，既保护自己又不让销售工作受到影响，就成了女性销售要掌握的一门技能。

　　一般而言，当女性销售员决定要拒绝客户工作之外的邀约时，可以用以下 3 个方法去实施。

1. 托病法

当男性客户对女性销售员进行邀约，依据男性客户邀约的时间和地点、参与人物，很容易让女销售直观判断男性客户可能的意图。比如男性客户约女销售去 KTV 唱歌，这很容易让女销售感觉男性客户可能有一些工作之外的想法，这时女性销售员可以采用一招最直接的办法婉拒邀约，即托病法。大致做法是组织一段话术，告知客户自己身体有些情况，今晚正好要去医院做个检查，没办法见客户了。如果有什么急事，自己可以安排其他同事来负责。

一般客户听闻女性销售员身体有情况，也就不好直接多问；另外身体有情况这个理由，可以很好地打消男性客户的其他意图，致使以后男性客户不会再有其他想法。

当然，这一招的不足之处在于可能给客户留下"身体不健康"的印象，女性销售员应该拿捏好病症的理由，避免让客户对自己产生误解。

我认识一位从事保险销售的女性，一次在展会上认识了珠宝商客户方总，会后方总邀约她晚上单独见面，她便以"胃病发作，要去医院"为由，巧妙地拒绝了客户。事后证明，该理由并未对他们后面的合作产生影响。

2. 秀恩爱法

女性容易在职场上受到骚扰，尤其是一些漂亮的女销售员，可能一些男性客户会有些想法，最好的处理办法是防患于未然，事前杜绝骚扰的发生。我个人赞成和推荐秀恩爱法，来提前阻截男性客户可能有的不良想法。

所谓秀恩爱法，是指女性销售员平时多发一些秀恩爱的照片在自己的朋友圈，附带图片，这样可以让很多异性客户在邀约前就打消念头，从而避免此类事件发生的概率。

一般异性客户容易对未婚女性有想法，而对已婚女性，他们的敏感度会低很多。因此，如果女性销售员已婚，则可以用自己老公或孩子为由，巧妙拒绝客户。如告知客户，自己今晚要照顾孩子，或要和一家人去外面聚餐，等等。这样的理由，都可以很好地拒绝客户。

而未婚的女性销售员，则可以男友为由，制造事由拒绝客户。如要和男友去选婚纱、去见男友家人等等。所有的理由都应以秀恩爱为前提，让男性客户间接感受到阻碍，知难而退，以后一般也不会再有其他想法。当然，如果女性销售员暂未有男友，虚构一个男友即可。

我认识一位从事英语培训的女教师，因为平时接触很多异性学员，总会有很多异性学员发来吃饭邀约，希望能借吃饭和老师有更多交流。这位女教师苦不堪言，后来她用朋友圈秀恩爱法，传了一些和她老公在国外旅游的照片，果然邀约率下降许多。

3. 僚机战术

不是所有客户的邀约都能很好地拒绝，有时候客户的理由非常正规，好像是纯工作，让人难以分辨。比如客户告诉女销售员，他帮女销售员介绍一个客户，约在某某饭店吃饭，让女销售员和他一起出席这个饭局。

这样的理由女销售员很难选择拒绝与否，拒绝吧，又怕自己多虑了，毕竟是客户帮自己介绍新客户，拒绝会伤客户帮助自己的积极性。不拒绝吧，万一客户有什么想法又会让自己更加难堪，这样的两难局面，女性销售员可以用僚机战术，即带上自己的朋友一起赴约。

由于有公司其他人在场，一般客户也不会对女销售员言辞过度。另外，为降低客户的其他想法，女性销售员应组织话术，巧妙地表示自己对客户的定位，如以"大哥、叔、前辈"等称谓称呼客户，多次重复地表示，可以让客户明白女性销售员的真实意思。

比如，从事房地产销售的女性销售员小文，上班第二个月就遇到一位有意向购房的客户陈先生。在销售中心谈得都很好，但陈先生事后还是邀约小文一起吃个饭，表示希望聊下购房的具体细节。小文察觉陈先生并非完全针对购房而邀请，但对于如此重要的客户，小文不敢怠慢，便邀请了自己的男同事小李同去。她的话术是，小李是自己的销售领导，去年也购了房，他更加了解公司房产交易的政策，更能为陈总申请一些优惠。

这样的理由让陈先生无法拒绝，于是三人便在一家茶餐厅碰面。吃饭席间，小文以茶代酒，组织了这样的话术敬陈先生："陈总，非常感谢您今晚的盛情邀请，说实话，前天与您的沟通让我非常受益。从阅历上，您更是我的前辈，我把您当大哥看待，后面您成为我们业主了，相信我还有很多机会向您学习。如果您不介意，以后我就叫您陈哥吧。"

这样一番话，巧妙地展示了小文对陈先生的定位，也表露了小文的态度。陈总转换为陈哥一称，既拉近了与客户的距离，又不会显得过分亲密，距离恰到好处。如此一来，陈先生也不好再有更多的想法了。

女性销售员由于性别原因，容易收到一些男性客户工作之外的邀约，参与邀约多了，可能会影响自己的工作和生活。为了杜绝一些不好的因素影响我们的人生，我们应尽量少参与一些工作之外的邀约。当女性销售员工作中真的遇到异性客户工作之外的邀约时，我们可以采用托病法、秀恩爱法、僚机战术这3招来拒绝客户，从而让自己的处理更加柔和，不伤客户关系。

实战手记

· 七步推销法在销售过程中主要可以分成以下 7 个步骤：开场白；引发注意；激发兴趣；发现客户需求；激发欲望；证明满足；拍板封单。

· 激发一个人的欲望，最好的方式是挖掘和放大他的痛苦。

· 销售员在介绍产品的时候，一定要多描述客户的"痛点"。何为痛点？就是行业内都普遍存在的问题，让使用者在使用时感到厌烦、想改变的问题。

· 你的请求不一定会被接受，但是你不提出自己的想法和请求，则永远都没机会。

· 每一个人都会为自己曾经获得的荣誉感到自豪，也都想让更多的人知道，如果销售人员能在拜访客户前有意地去收集这些信息，然后把这些信息融入和客户的交谈中，势必能引起客户谈话的欲望。

· 商场如战场，战场的基本之策无非是以正合，以奇胜。在销售中，我们对待客户，我们的宗旨也是：做好那些不能改变的事情，有勇气去主动改变那些可以改变的事情。

· 不做任何关系，直接找拍板人，放出最低价，在实战中也往往会有奇效。

· 消费者购买行为心理：引起注意→引起兴趣→进行搜索→购买行动→购买后分享。

· FABE 推销法是非常典型的利益推销法——

F 代表特征（Features）：指产品的特质、特性等最基本的功能；

A 代表由这特征所产生的优点（Advantages）；

B 代表这一优点能带给顾客的利益（Benefits）：商品的优势（A）带给顾客的好处；

E 代表证据（Evidence）：包括技术报告、顾客来信、报刊文章、照片、示范等。

· AIDA 模式，也叫爱达公式，是一种更原始更基础的在西方流行的说服客户的销售技巧。

A 为 Attention，即引起注意；

I 为 Interest，即诱发兴趣；

D 为 Desire，即刺激欲望；

最后一个字母 A 为 Action，即促成购买。

· ABC 沟通三角法则是被销售界称之为"黄金法则"的一种沟通方式。

A 是 Adviser，顾问的意思，是我们可以借助的力量，包括上级业务指导、公司、资料等，范围比较宽泛，在不同的沟通场景中 A 可能是不同的人或事物；

B 是 Bridge，桥梁，即销售员自己；

C 是 Customer，顾客，即潜在客户。

· 安全感产生的时候，信任也就萌生了，生意的成交就在未来不远的地方了。

· 沟通时一定要记住——细节决定成败。

· 销售员一定不要矮化自己、拔高客户，对待客户一旦超过必要的尊敬，反而会让客户小看你。

· 所谓卖点，指的是产品所具备的与众不同的特点和特色，这些特点特色，一方面是产品与生俱来的，另一方面是通过销售人员精心策划、寻找、创造出来的感觉和感受。

· 千万不要为了向客户证明我们说的话可信而撒谎。

· 在销售界，有句话叫：关系不到，价格不报；如果要报，也要高报。

· 产品价格比竞争对手要高得多的销售人员一定要学会算"总运行使

用成本"这个概念。

· 在销售工作中，"找对人，做对事，说对话"这 3 个环节非常重要，所有的签单都是因为这 3 个环节。

· 一件事情能真正拍板的只有一个人，获得他的支持，才能拿下订单。

· 销售员在和客户公司的工作人员打交道时，会遇上各种各样的人，对不同的人需要用不同的"钩"。

· 世界上没有两片完全一样的树叶，这是公认的真理，你认为你的产品和竞争对手是一样的，找不出差异，这说明你思想懒惰。

· 在销售工作中，客户的内线就是销售员的导航，他能帮助你看清全局，规划最佳路线，实现赢单。

· 在销售中，所有销售人员都要面对一个坎，这个坎就是客户公司的高层领导，在销售界被称为拍板人。

· 在销售过程中，和销售员打交道最多的人是你拜访的客户公司里的那些一线基层工作人员，这些人往往是促成订单的关键。

· 销售工作出现了"停滞"，无非是商务或产品这两点我们销售人员没宣传到位，以至于客户还有疑虑和担忧所造成的。

· 合同谈判只是销售诸多环节中一个环节，前面的环节做不好，这个环节肯定不行；前面的环节做好了，这个环节自然畅通，无技巧都可以越过它，这是一种惯性。

· 登门槛效应又称得寸进尺效应，是指一个人一旦接受了他人的一个微不足道的要求，为了给他人一个前后一致的印象，就有可能接受更多的要求。

· 送礼的秘诀是：忘记。

· 并不是所有的客户异议都是需要销售人员处理的，但如果是真正的客户异议，销售人员必须去处理！

· 客户的异议无非是 3 个原因引起的，分别是：1. 客户的认知；2. 销售员的问题；3. 产品的问题。

· 处理客户异议的 LSCPA 五步法：listen（聆听），share（认同），clarify（澄清），present（提出建议），action（行动）。

· 女性销售员应付客户骚扰的 3 个方法：托病法、秀恩爱法、僚机战术。

03

PART

当好校长的角色，
不要让自己成为老师

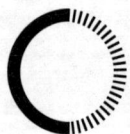

销售总监／总经理的业务管理地图

有一个女生给我发来一条短信，问最近有没有销售总监的培训课程，她想听听。看到这个短信，我有些自豪和快乐，不知不觉，一路相伴前行的小伙伴，都在成长与进步，有的甚至在职场上晋升到销售总监的高管级别，实在可喜可贺。

销售总监掌管一个公司的销售部，职位显赫，责任重大，压力也大。现在的市场环境，往往是买方市场，同行竞争惨烈，想销售工作做出色实在不容易。那么作为一名销售总监，必须要做好哪些工作呢？

所谓销售总监又称首席销售官，其全面负责公司的销售组织、策划和管理，全面把握依据国家政策、公司产品、市场目标、市场状况等因素，为公司产品提供科学的市场定位依据，制定销售策略及方案，拓展并管理公司的销售人员。

销售总监具体的工作内容包括 6 大板块，分别是：

1. 熟悉国家政策、行业现状，分析市场，找出市场的机会点，进行公司

产品定位，规划销售目标客户定位，并且进行市场销售通路设计

2. 根据公司及市场具体情况，制订公司年度销售额目标计划

3. 根据年度销售额目标制订销售策略和目标实施方法计划

4. 落实销售计划，展开销售行动并管理销售团队

5. 控制销售资金使用，管理销售资金支出和货款回收，并进行效益分析

6. 根据市场需求的变化向直属领导或董事长汇报和提出市场分析和开发建议

销售总监除了完成 6 大板块的工作之外，还必须在管理上，依据一手硬一手软的管理原则，对销售团队进行管事理人的细节工作。具体的工作如下：

1. 审核并汇编下属部门的工作计划

2. 制订销售计划和市场分析报告，报公司讨论通过

3. 分配销售任务

4. 调度销售资金

5. 审核、签署省级客户的合同

6. 考核下属部门的工作效率

7. 下属部门负责人的工作调配安排

8. 拜访重要客户

9. 巡查下属部门的工作状态

10. 分析并合理制定本部门的组织结构

11. 审核下属部门各项规章制度

12. 组织培训部门负责人

13. 组织召开销售工作讨论会

14. 组织销售工作评审表彰会议

15. 处理客户纠纷

16. 协调同级部门工作

17. 审核下属部门各项费用开支

18. 考核销售成本

19. 对重点客户的档案资料进行管理

20. 对各销售片区总体业绩负责

21. 第二财务年度销售计划的编制

　　销售总监的工作主要有 6 大板块，每个板块都有其独自要完善完成的内容。总体而言，一个销售总监最少要完成 6 大板块、21 件具体事务才能把销售工作做到合格。至于想出色，就要加强销售团队的思想工作了，因为销售人员好好工作的意愿的强弱，对销售结果的达成影响也是巨大的。

　　在一个企业中，如果说老板是战略决策者的话，那销售总监就是方针制定和战术运用的指挥者和决策者，在公司中的地位举足轻重。当然，面临的压力也比一般销售人员大得多。需要你拥有出色的专业能力、八面玲珑的社交能力、整体的把控能力和一颗强大的内心——做到这些，你就能成为一个令人心服口服的销售总监。

没有目标，你只会原地踏步，到达不了终点。国家有规划，企业有目标，而营销总监就是把目标落实为结果的人。有人说，世界上最远的距离，是从头到脚；世界上最难的管理，是从目标到落实。那么营销总监在实战中一般是如何将目标分解和实现的呢？

营销总监一般是抓住"明确的目标、适合的销售通路、灵活的销售策略"这3点，来分解和完成目标的。

第1方面：明确目标，编写本年度销售计划

每一位营销总监都必须每年做一份本年度销售计划。主要包含以下指标：销售额目标、利润目标、市场通路设计、月份计划、开发客户总数、销售成本、市场开发策略、应收款规模等。

编制年度销售计划所用到的方法主要是目标倒推论证法，如：

假设公司年销售额计划是3000万，有5名销售人员，则原则上每名销

售员的销售额任务是 600 万 / 年。

假设公司的年销售额计划是 3000 万，而公司过去 3 年的平均单笔销售合同额为 100 万，则 3000 万除以 100 万等于 30 家成交。

而依据 20/80 法则，30 家成交客户需要在 30 乘 8 等于 240 家潜在客户中筛选，这是一个漏斗方法，这也是 20/80 法则的运用。

依据倒推算法，5 名销售人员必须开发出 240 家潜在客户。

再继续倒推的话 240÷5=48，也就是说，每名销售人员必须全力开发出 48 家客户才能保证 600 万任务的完成。

这样倒推的算法一般都是精确的，是能完成任务的，是营销总监必须具备的专业素养。

把目标用倒推法算出每个销售员的销售额和拜访客户总量之后，我们把销售额和拜访总量再除以 12 个月，这样就得出销售员每个月应该出多少业绩和拜访多少家客户。

销售目标越详细，离实现就越近。销售总监的年度目标一定要以数字体现；把年度目标分解到季度，落实到销售部门，将部门任务落实到区域和每一个业务人员。

第 2 方面：设计销售通路，确定目标完成方法论

一件产品是卖给城市还是卖给乡村，是卖给女人还是卖给男人，是线下直销还是网络电商，这是销售计划中最基本的核心要素。所谓销售通路设计，其实就是寻找如何把产品有效地推送到每一个潜在消费者面前的方法而已。

每一款产品都有自己的定位和适合的销售通路，通路指企业把产品输送到

用户的销售方式。一般分为行销、直销、代理商、电销等等。现在流行的全网营销也不过是把线上线下电商结合起来的一种复合销售通路设计而已。

但销售渠道的设计必须依据公司所给的营销费用而定，没钱一切都是幻想，而公司的财力都是有限的，所以营销总监在设计销售通路时，要依据财力人力而定，不可贪大求全，盲目追求高大上，否则往往入不敷出，把企业置于危险境地。

年度目标销售计划落实的方法，是先设计销售通路，销售通路确定之后，销售总监则按时间和销售额两个维度去抓目标计划的落实。

营销总监先把年度销售额计划分解到月度销售额计划：**被分解的销售目标不能仅为销售额目标，还应包括年度销售目标涉及的其他内容。**

常见的月度销售计划分解往往只有销售量的分解，这种分解除了明确月度的销售任务外没有任何意义，行政性大于客观操作性。月度销售计划还应包括实现这些目标所必须完成的任务和基本的销售行为、动作、活动。与月度销售计划配套的市场支持计划要素必须同时罗列清楚。

营销总监把销售额分解到每个月之后，再把年度销售额目标分解到每个销售员头上：销售额计划分解到每个销售员。分解的内容包括所有销售目标，营销总监应要求销售员编写"个人年度月度销售计划"，在计划里确定计划实施方法，如产品销售计划、客户销售计划、营销费用预算、账款回收、销售计划分析等。这里不再赘述。

在实际工作中，如果营销总监觉得目标和现实存在差异，这个时候销售总监就要召开会议，原则上每月有月例会、季度有季度会议，通过开会的形式把存在差异的原因找出，提出整改，并号召下属销售员也做调整。这个差异主要是销售额完成任务与既定的目标销售额之间的差异。做差异分析要分析的内容是：竞争对手的情况及公司自身销售团队的能力是否导致计划在执行过程中受到影响。主要目的就是应对市场变化，在销售目标不变的前提下及时调整销售任务和行为，即我们通常所说的制订滚动修正销售计划。具体内容为，每月末对上月销售计划的执行情况进行分析，找出差异点并提出改进措施。

第3方面：灵活的销售策略

营销总监在企业整体战略指引下，制定营销战略，明确营销目标，制订营销计划，再进行计划和目标分解，最后是执行、监督和费用审核。

销售计划在执行的时候，由于存在对手的竞争和客户的利益博弈，往往使计划在落实的时候要依据市场竞争环境进行优化，找出适合市场的竞争策略，这样计划在执行的时候才不至于因僵化而失败。

营销竞争策略如果从价格上考虑，无非是两种情况，一种情况是我方价格高，那么销售策略就是高价抢占高价值的细分市场。另一种情况是我方价格便宜，那我方则采取低价侵略全面市场的策略。

依据我方的定价制定出竞争策略之后，在市场中，会遇到竞争对手的阻击，针对具体的阻击我们可以设置不同的竞争战术应对。

我以前任国内某过滤器公司营销总监，在研究市场时，发现传统市场钢铁行业特别难打进去，进去后竞争也激烈，于是我就另辟蹊径，去开发除钢铁市场之外的第二大市场——新建化工项目市场。由于我们在第一大市场——钢铁行业的业绩还不错，于是开发第二大市场时，我采取的是高价抢占细分市场的打法。

实战中，我让销售人员每个人去公关以前的国家化工部的下属8家化工设计院，这曾经是中国设计化工项目的权威，找它做设计的是不差钱的业主。我安排销售员在这 8 家设计院所在地成立 1 个办事处，招募当地的销售人员去这 8 家设计院狂轰滥炸，进行公关。

实战效果也出奇地好，第一年就做下其中的 4 家设计院，取得的销售额成绩和公司经营 10 多年的钢铁行业的业绩差不多，也算是过滤器公司成立以来一件很轰动的事情。我本人也获得工厂上上下下的尊重，连生产厂长都没事主动找我聊天，看看我们这边究竟是如何一年相当于老厂发展 10 多年，是怎么思考销售运营的。

营销总监进行销售目标的分解不是拍脑袋，而是有据可依编制企业的年度销售计划，并且让业务人员明确总销售计划和自己的年度销售额目标。除了让销售员知道公司的销售额目标之外，营销总监还必须将目标分解到销售员的每一天的客户拜访量和每个月的销售额。唯有这样，大家有统一的目标，才能齐心协力共同向一个方向发展，才能带领一个队伍走向一个高度。

如何让你的团队
凝聚成铁板一块

　　一位销售同行问：倪总您好，我目前从事消防电子产品设备的销售管理工作，是某公司驻外某省分公司销售经理。手下有五六个销售员，这几个销售员有"70后""80后""90后"，年龄跨度大，感觉不好管理。"90后"我让他干什么他还去做，但"70后"有时候我安排他去做事，他总是磨磨蹭蹭，不大愿意去做。比如我说周六开销售例会，他会说要送小孩去学画画，就请假了，搞得我们这个小团队每次开会人员都凑不齐，很难受。我向您请教的问题就是：

　　有哪些有效的管理手段，可以让团队成员有凝聚力，让我更好地带领团队呢？

　　这位同行是想通过提高团队凝聚力，形成合力，激发团队战斗力，从而把队伍带好，这想法是没错的。衡量一个销售员最终的、唯一的标准是看销售员的业绩。同样，衡量一个团队，考核的点可能有很多，但归根结底，一个好团队最基本的一条衡量指标是：必须能常打胜仗，持续成功。

一个经常成功的团队才会有真正的凝聚力、执行力、战斗力，而凝聚力又是重中之重，没有凝聚力，队伍就是一盘散沙，就没有执行力。这样的队伍，顺风的时候还可以，一旦逆风就土崩瓦解，树倒猢狲散。

带领团队，基本上就是两种模式：一种是攻城型领导，一种是守城型领导。

攻城型领导如李广带兵，同吃同住，平时体恤下情，战时身先士卒。自己本身勇武过人，和士兵打成一片，有很强的感情基础，这样的领导带出的团队凝聚力是最强的。

守城型领导，一般是谈话高大上，拥有绝对权威，奖罚分明，令行禁止，底下兵的待遇优厚，容纳了不少能人异士，依靠律条管束、糅合、激励军队。这样的领导带出来的团队，执行力是最强的。

这两种销售领导的管理团队的模式都是好模式，理论上也有融合的可能。实际上对团队来说，感情带来凝聚力，规则、规章带来执行力，这就是我们常说的管理就是一手软一手硬、一手胡萝卜一手大棒的来历。管理水平的高低在于大棒和胡萝卜两者之间的平衡。不管你是胡萝卜还是大棒，你都必须能带领团队持续地打胜仗，不断地成功。唯有如此，你的团队才具备真正的凝聚力。

所谓凝聚力，是领导凝聚团队的力量和团队向上凝聚的力量。

那么，想团队有凝聚力，我们从哪些方面去建设呢？

第一，团队的领导者要强大，能让自己的团队成员信任、信仰

团队的领导人要带领团队能打胜仗，弱者崇拜敬仰强者，如果管理者能带领团队打一个又一个胜仗，则不仅创造业绩，更收获了下属团队成员的崇拜和拥护。无论是完成阶段性目标也好，或是完成公司长期市场占有率目标也好，或是击败竞争对手，领导者一定要能带领团队成员不断地在团队认同的领域打胜仗，取得成功。

设定目标—想尽一切办法取得成功—再找一个目标—再想尽一切办法取得成功，以此类推。这是一种提高团队凝聚力的最好方法。

可以确信，没能取得任何成功的团队，凝聚力必然每况愈下。

第二，团队目标明确，责权分明

制度的不完善和管理的不到位，往往会让员工无所适从，不太明确自己在目前的岗位上，到底什么该干，什么不该干，于是不明所以，整日虚晃。

所以工作目标最好落在纸上，形成明文制度。主管要做好上下衔接和传达工作，保证公司战略的清晰表述和上下的理解一致。跟员工讲清楚部门工作目标，每位员工的个人工作目标，并落实到周计划和月计划。

用数字说话，将岗位应知应会考核落实到年度计划、季度计划与月度计划上。当然，最佳状态是将公司目标和员工目标结合起来，一旦形成共赢价值链，那员工的主动性凝聚力自不必说。

领导者要推行责任到人制度。为每一项工作，指定一名总负责人，形成一个单独的小单元体系，并明确告知其他配合部门听从总负责人调度。规定好相关部门、人员的职责和定位，在相关环节和步骤上，听从总负责人号令，统一协作、合理完成该项工作。并形成相应的考核和追责体系，根据工作的配合和完成进度，对不达标的人员进行相应的惩处。

依据个人的特质、优缺点，把每个人安排在合适的位置上，给其充分展示自己的空间，让其自由自主地做事情，你会发现他们做出的成绩常常好得让你吃惊。不追求全才，世上没有；也不要苛求每一个人都像你一样优秀，如果是这样，那么你就有可能在其他人的领导之下了。在一个优秀的管理者眼里，每个人都能用，只是摆放的位置不同，避其缺点，发挥其优点，如何用好一个人是管理者一生为之努力的目标。

提高团队的凝聚力自然免不了物质激励，司马迁评价项羽的失败就说项羽不擅长分钱，不愿意奖励自己有功劳的下属，结果下属为了自己的梦想自然要另投他人。

激励力度要做到市场上有竞争力、员工中有吸引力、公司里有承受力，而且一定要兑现到位，例如由公司原因造成的中途政策变化不应影响员工的年度奖金等。另外，明文规定奖励细节，遇到值得肯定和奖励的人或事，及时奖励。不论是一句赞扬，还是一个红包，都要及时反馈给员工，管理者的及时奖励，就是对员工的最大肯定。让下属充满希望，尽最大能力为公司发展发挥自己的智慧和才干。

第三，方法可行

岳飞靠发明钩镰枪，教士兵钩马腿而大破金兀术的拐子马。如果没有这个可行的方法，岳家军再勇猛也未必能取胜。

执行层的任务既然是执行，管理者就应为其提供具体的操作方法。制定一个可行的方法需要决策、支持、反馈3个环节有效配合。首先决策不能是根据领导的意愿拍脑门决定，而是要结合实际充分论证；支持可以是骨干员工给下属的业务指导，也可以是专业的内外部培训。需要注意的是，对执行层来说，传授工具和方法远比传递敬业爱岗的鸡血思想更重要，解决问题更多是靠方法而非热情；任何一种方法总有不足之处，执行中的反馈有助于使其进一步完善。

第四，充分沟通且经常培训团队成员的工作技能

一言难尽意，三令作五申。现在人都讲重要的事要说 3 遍，就是担心沟通时说得不清楚引起歧义、耽误事情，一个优秀的管理者必须命令是清晰的、意图是准确的，而很多事情由于团队成员各自有各自看问题的角度，可能对同样一件事的理解各不相同。所以，要想目标一致、行动一致，必须建立顺畅的沟通机制，否则三人成虎，事与愿违。

日本人安排工作时要对下属说 3 次，我们第一感觉可能是太磨叽，但仔细想想，想要有效提高执行力，首先要进行充分的沟通，帮助他们理解需要完成的目标，对完成目标任务取得较为一致的认同。

领导者和下属沟通最好的办法是启发式。一个接一个地提出问题，直至计划完全被执行者所理解、接受。在执行之前，像这样的沟通要持续地进行，将管理者的信念、行为和对话模式流传到整个团队当中，让上一级管理者的行为规范和信念成为下级管理者所效仿的对象，最终使整个组织都接受这种行为规范和信念，团队的凝聚力自然会提高。

第五，善于情绪管理与工作环境的营造

从人性角度来看，情绪是会传染的。

管理者的情绪会直接影响到员工的情绪，而员工的情绪又会传染给团队其他成员，一个被下属认可和跟随的领导，绝大部分时候，都是个懂得控制

情绪的人。所以，作为一个期望提升个人影响力的领导，适当控制自己的情绪，知道什么时候该用什么情绪，从而更好地去影响下属。只有影响下属的情绪，才能影响下属的行为。如果能让员工始终保持高昂的情绪，管理也就做到位了。

想提升凝聚力，环境也很重要。一个能充分发挥员工能力的工作环境和团队人文环境，可以极大地提升工作效率。环境包括硬件和软件两方面，特别是创业小公司，不像大公司那样非常讲究规范化（有时规范化反而容易低效和陷入内耗），小公司硬件环境差点，可以在人文软环境下点功夫。比如营造一个积极向上、友善、开朗的工作环境等，人都喜欢在愉快的环境下工作。这个愉快既指办公室的高大上，也指同事间、领导间关系的融洽开心愉悦，等等。

我的第一份工作在上海，当时是在租的居民楼里办公。办公室虽然简陋，但是公司常在办公室里放一些饼干、巧克力等零食，以备工作人员工作时饿了可以临时填填肚子。

虽然饼干、巧克力的支出对公司而言，不算什么大事，但是对业务员来说，这体现了公司对销售员的关怀，销售员自然就对公司充满感激，心怀愉快的情绪工作，团队的凝聚力自然就上来了。

凝聚力来自信仰，团队所有成员有共同的信念、目标、价值观，就可以极大地提升组织凝聚力。具体来说，领导者可以从5个方面入手提高团队凝聚力。

1.团队老大要有远见卓识，能服人；2.团队要有明确的目标，并做到责权分明；3.实现目标的方法是可行的，是经过验证有效的；4.团队还必须经常培训成员的工作技能，保证能打胜仗；5.还要善做思想工作，营造良好的工作环境，让员工在满怀正能量的情绪中工作。

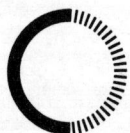

营销总监
必备的两把刷子

我们在社会上形容一个人比较出色，经常会说"这个人有两把刷子"。以前我找工作的时候，负责招聘的人力专员总是喜欢问：

"你认为销售员应该具备什么样的能力？"

我的回答一般都是固定的模板：我个人对销售的理解是，销售员应该具备两把刷子，一个是业务能力，一个是产品知识，具备这两方面的能力和知识，加上努力工作，就可以做好销售了。

这样中规中矩的销售理解再加上个人风格的演绎，一般人力专员听了之后，都会给我一个入职的机会。因为销售工作确实需要掌握产品知识和商务知识以及努力工作。

我的朋友在深圳开了一家安防公司，企业创建15年了，但是业绩总是在3000万元左右徘徊。和他同时期创业的公司，有的已经发展为上市公司了，而我这位朋友的公司总是长不大。他也自认错过了一些机会，但是他仍然不服输，仍然技术、销售、生产全都自己一手抓，结果个个都做不到极致。他这些年每年都花费20多万参加各种各样的培训，但是企业就是这样上不上、下不下，甚至随着市场的变化、工人的难招，有越做越难的感觉。

我这个朋友也试图改变自己，比如招聘营销总监，但是发现招来的营销总监要么是坐而论道，嘴上工作一流但实战什么都不行，要么就是只会自己默默去干，却无法组织和引导下属销售人员追随他干。

2017 年，短短 5 个月，我就看着他招募又开除了两个营销总监，他也总是抱怨能带领他的企业走出困境的合格的营销总监真是一将难求。

好的销售人员应该具备的两把刷子就是商务能力和产品知识，那么好的营销总监是什么样子的？他要具备什么样的刷子才能成为合格的营销总监呢？

在现代企业中，营销总监是企业的躯干部分，起着承上启下的作用。营销总监负责把公司的决策目标落实到具体的业绩，还要把市场和员工的各类事项处理好并汇总到公司，这样不断推动公司对市场做出最合适的决策，而公司又会因最佳的决策而势如破竹，取得计划中的目标份额。

好的营销总监最少具备 8 项能力，这 8 项必备能力又可以分为管事和理人这两把刷子，管事和理人也可以简单理解为管理要一手胡萝卜一手大棒，两手都要硬。这两手建设都抓好了，营销总监就是一个合格的营销总监。

营销总监应该具备的 8 项能力是指：

1. 拟订计划的能力

管理工作的第一步便是拟订计划。《孙子兵法》第一篇《始计篇》，说明所有的作战开始于计算和计划。因此作为营销总监第一件事便是能制订清晰有效的工作计划。无论是长期的年度营销计划、年度预算、质量改善计划，还是短期的销售人员招聘计划、新产品上市计划、筹办公司销售年会等，都需要应用到拟订计划的能力。

2. 制定决策的能力

营销总监的职责是制定决策和领导执行。计划和执行之间存在很多变量，必须慎重地进行决策，错误的决策导致失败，正确的决策则奠定成功的基础。比如，营销人才是从内部培养，还是外部聘任？产品的定价多少为合适？预算如何分配？这些都需要营销总监在经过利弊权衡、数据分析、实践考察后做出专业的决定、决策。

3. 解决问题的能力

没有一家企业是没有问题的，无论是市场的预测、销售额目标的完成，还是销售人员的管理、市场的开发、人力不足、士气不振等等。营销总监是销售部门的总负责人，必须具备解决这些问题的能力。

4. 制定规则标准的能力

无规矩不成方圆，缺乏标准的营销管理的企业运作起来东一榔头西一棒槌，无法高效运作。营销管理的事情主要分两类，一类是周期性的、经常性的、例行性的，如销售人员的招募、销售人员的培训、销售市场的目标和方法等等。另一类是特殊性的、非例行性的。比如，某个项目打单遇到困难、公司要上 CRM 客户关系管理系统了、骨干销售人员被竞争对手挖去反过来竞争了、产品出现重大安全事故了等等。营销总监必须把周期性的、经常性的、例行性的问题标准化，以利于销售团队的正常运作，之后集中精力去解决特殊性的问题。

5. 结果管控的能力

为了实现团队的目标，不仅要有良好的决策，也需要良好的执行，在此期间，如何有效地管控销售额目标计划，实施，达成，有赖于营销总监的管控能力。如果管控太多，处处绊手绊脚，士气必然低落，效率不高；如果管控不力，容易出现漏洞，提高运营成本，不利于目标达成。

6. 团队建设的能力

团队成员管理得好，是训练有素的战士；管理不好，则是一群乌合之众，乌合之众是不具备战斗力的。一名营销总监必须做好团队的建设，一般而言，建设好团队一是需要我们团队的目标要集中，所有团队成员只有一个目标、一个梦想；二是团队成员的关系要和谐互助；三是团队成员的工作方法要保持一致并具备一定的弹性。

7. 洞察人心的能力

如何使团队不同性格、不同风格的成员有效地在一起工作？如何使部下从表面服从到真心奉献式地去工作？如何使士气低落的人重振士气？这些都有赖于营销总监睿智地洞察人心的能力。由于团队内部成员形形色色，各有各的想法，行动难免变得不那么统一、不那么一致，所以一个优秀的管理者必须理清团队成员的思想、情绪、心态。从某种角度来说，所有的营销管理问题，都是人的认知问题、人的心态问题，能够洞察人心、给下属积极的心理引导，是一个营销总监必备的能力之一。

8. 沟通表达的能力

擅长沟通的组织，进步速度比较快，防范问题的能力比较强，文化的统一性较强。沟通方式有书面和口头两种，清晰、精准、有效的沟通表达能力，是每一个营销总监的基本技能。

营销总监的两把刷子是指一名好的营销总监，必须具备带团队实现目标和管理好团队的能力，这个能力简单地说就是要具备建设团队物质文明和精神文明的能力。管理其实就是一手胡萝卜一手大棒，一手硬一手软，而把一手胡萝卜一手大棒的语言描述具体分解就变成了一个营销总监必须具备拟订计划、制定决策、解决问题、制定规则、结果管控、团队建设、洞察人心、沟通表达这8种能力。

这8种能力，你擅长什么能力呢？

销售总监让自己
更值钱的秘诀

2017 年 10 月，我在深圳，和深圳某基金公司前副总裁一起聊我公司的发展方向问题，向其请教我们这样新创建的公司如何规划企业上市的道路。在和基金公司前副总裁聊天的过程中，副总裁反复叮嘱我，作为一位销售咨询培训类创业者，一定要当好校长这个角色，不要让自己成为老师。一定要定位自己是校长，因为老师有老师的格局，校长有校长的格局，彼此上限下限是不一样的，未来的成就也是不同的。

老师最大的成就就是桃李满天下，而校长最大的成就是开一家又一家的分校，成百年名校，彼此的工作内容不一样，成就也是不一样的。一个企业家一定要牢记你的角色是什么，不要又当校长又当老师，你这样发展下去，最多就是私塾，连正规学校都算不上，更不用说发展壮大了。

副总裁关于"要找准自己的角色定位，让自己最大程度有成就"这句话适合创业的企业家，同样也适合销售部门的最高管理者——销售总监。我们每个人都想进步，都想自己更有成就更有价值，那么，我们销售总监究竟如何修炼自己，才能让自己增值，更值钱呢？

从我自身的经历来看，我们可以从 4 个方面去修炼自己，让自己更值钱。

第一，要专家化自己

医院里的专家级医生，可能看的病和普通医生是一样的，但是其收费标准比一般医生要高，高的原因就是专家身份。

专家是专业的，是值得信任的，收费高是正常的，这是我们普通病人的普遍认知。同样，作为一名销售总监，是销售部门的最高领导，是指挥本公司销售人员在商场打仗的指挥官。我们也要打造自己销售专家的身份，打造自己百战百胜的销售神话，让自己成为榜样，吸引员工追随。

2012 年，有两个粉丝千里迢迢来我公司应聘。他们说，倪总，读了您的书，我愿意不要工资追随您一起工作，在您的团队不仅能学习到销售技巧，更能跟随团队一起成功。

我聘用了他们，由于这两个粉丝对我无限信任，觉得跟着我干就一定能成功。所以，当我把他们分别派到天津和重庆去开发新市场时，他们二话不说就整理行李去了天津和重庆。

由于他们自己的努力加上我对他们的工作指导，很快他们两个新手就成为销售的能手，仅仅两个月就打开了市场局面，分别签订供货合同，使公司在新开辟的市场站稳脚跟。

员工出了成绩，员工的主管自然也被人高看一眼。两个销售新手去开发新市场两个月就出成绩，这件事被董事长看在眼里，觉得我找人、用人、培训人确实有一套，我在他眼里自然也更加有价值，更加值钱了。

打造自己百战百胜的业绩、树立自己专家权威的时候，一定要切记，销售总监不要只是坐在办公室指挥别人如何行动，而要自己深入市场第一线，和你的销售员工一起努力，一起奋战，这样才不脱离实际，才能指挥员工常打胜仗。否则，脱离了市场第一线，我们往往会纸上谈兵，难成大事。

第二，能管理好团队并能完成团队目标

有目标的人才有行动力，才能认认真真做事，一步步完成自我目标，实现自我价值。一个团队也是如此，一个团队尽管人员形形色色，追求各不相同，但是销售总监必须让所有团队成员心往一处想、劲朝一处使，这样团队的战斗力就高，就能经常性完成任务。一个能经常完成销售目标的销售总监，当然是一个值钱的销售总监。

第三，人际关系较好，和公司其他高管、员工相处不错

一个好汉三个帮，一个人总是有力不能及的时候。所以，与公司和其他部门的领导相处愉快，配合顺畅，往往能使我们销售总监最大限度利用公司的资源，使自己的发展不被兄弟部门制衡拖累，使我们的成功没有来自内部的阻力，工作环境更融洽，更有助于我们成功。

刚刚我提到的那两个毛遂自荐的粉丝做我的销售员，其中一个向我反映说，在出差回来报销发票的时候，财务部门老是卡他，说他票据贴得不合理，有些票不对，要回去重新找票，重新贴才能报销。

我说，你是一名销售员，连自己公司的财务，你都得不到他们的信任和支持，你觉得你能做好销售吗？财务和你相处不融洽，你一个销售员有的是办法和他相处融洽啊，动动脑子不就行了。

这个销售员觉得我说得有道理，就用销售的方法去和财务部门相处，比

如每次出差总是购买出差地的一些不值钱的特产，然后送点给财务部的同事。比如，他去山东出差，就买山东的高粱饴，一盒 20 元，买了一盒，去财务部散发散发。几次下来，财务部的人和他关系就融洽起来，至于发票的问题，财务部的人甚至主动想办法帮他解决了。

我自己平时也很注意和其他部门同事的友好相处，我经常请和我平级的人力资源总监一起去吃公司的工作餐，吃完饭一起下下棋、聊聊天什么的，时间一久关系自然就友善了。那么，在我需要招聘销售人员的时候，人力资源总监总是想尽办法优先帮我招聘人才，从而让我从来不为销售人员不够而担忧。

第四，要自度度人。主动帮企业、老板、他人解决问题，帮助他们

俗话说：善有善报，恶有恶报。你如果主动帮助别人，你收获的也可能是别人对你的帮助。我性格随和，对每一个认识的、不认识的人都真诚以待。2014 年，我在新疆休养，租的是三室一厅的房子，有两个房间是空的。我在网络上公布我的房屋信息，免费供那些内地来新疆旅行的背包客临时住宿一两个晚上，反正房间闲着也是闲着，何不力所能及地帮助一些需要的人呢？

我经常回答同行后辈的问题，同样他们对我也是帮助多多，仅仅是 2018 年，就最少有 3 场对企业的培训是这些小伙伴主动帮我去打探他的企业需不需要销售培训，把我的培训推荐给他们的销售总监或董事长，从而帮助我争取对他的企业培训的机会。

在公司上班也是一样，我们要主动帮企业、帮老板、帮同事，如果力所能及，我们就主动去帮助他们。有一次我在一个饭局，无意中回答一个做物联网的朋友，如何管理代理商的问题。这样的交流天天发生，我也没往心里去，然后差不多过了 7 个月，我接到一个陌生电话，居然是这个做物联网的朋友打来的，请我去给他们公司做一场销售培训。原因只不过是饭桌上我比较耐心地给他讲解如何管理代理商，他回去后琢磨琢磨，觉得有道理，于是想让我去给他们公司的销售员做一场专业的代理商管理技巧培训。

很多事情，不是当时就有回报的，但是它如一颗种子，你播下它，随着时间的推移，你收获的是累累硕果。

成为一名更值钱的销售总监，要从4个方面修炼自己：第一，让自己成为行业专家，这是让自己增值的最佳方法；第二，修炼自己管理团队的能力；第三，与公司其他部门同事打好关系，这能让你最大限度利用公司内部资源，不让你的成功受到内部阻力；第四，积极地帮助企业和需要帮助的人，你也将得到意想不到的收获与回报。

做到了这4点，基本上你就是一个到哪里都能轻松胜任，越来越值钱的销售总监。你事业的进步，自然就是顺理成章的事情。

实战手记

- 销售总监具体的工作内容包括6大板块，21件具体事务。

- 营销总监一般是抓住"明确的目标、适合的销售通路、灵活的销售策略"这3点，来分解和完成目标的。

- 年度目标销售计划落实的方法：先设计销售通路，销售通路确定之后，销售总监则按时间和销售额两个维度去抓目标计划的落实。

- 一个好团队最基本的一条衡量指标是：必须能常打胜仗，持续成功。

- 带领团队，基本上就是两种模式：一种是攻城拔寨的攻城型领导，凝聚力最强；一种是守城型领导，执行力最强。

- 管理者的及时奖励，就是对员工的最大肯定。

- 好的营销总监最少具备8项能力，这8项必备能力又可以分为管事和理人这两把刷子。

- 销售总监不要只是坐在办公室指挥别人如何行动，而要自己深入市场第一线。脱离了市场第一线，我们往往会纸上谈兵，难成大事。

- 一个好汉三个帮，一个人总是有力不能及的时候。所以，与公司和其他部门的领导相处愉快，配合顺畅，往往能使我们销售最大限度利用到公司的资源。

- 很多事情，不是当时就有回报的，但是它如一颗种子，你播下它，随着时间的推移，你收获的是累累硕果。

04

P A R T

【大单销售的成交策略】

安排成功的条件，
按部就班地成功

造势让赢单
势不可当

　　以买方市场为特征的现代商业竞争中，产品给用户的感觉越来越重要，从业者除了加强品牌的宣传建设之外，越来越重视产品的包装、用户体验、口碑评价等等。这些在商战中我们都可以称为造势，目的都是为了更好地把产品卖出去。企业如此，销售员更是如此，很多销售员打开客户局面的第一招就是造势。

　　以培训行业举例，我刚刚进入这个行业1年时间，发现培训行业造势那真是如黄河之水泛滥一发不可收拾。你点进去任何一个培训公司网站，你看他们的讲师简介，个个都华丽得不似来自人间，个个都号称销售之神、快消之母、企业管理之王。个个都宣传自己来自500强，是500强实战第一人，胆子大点的甚至敢吹自己亲手托起了阿里巴巴，亲自给马云出谋划策，奥巴马都亲自来电买他的面膜，等等。但实际上，这些都是忽悠人的造势行为。

　　而培训现场的气氛造势不亚于一场明星见面会，讲师还未宣讲时，开场前半个小时，主持人先上场预热，介绍讲师的辉煌史：职业销售之王，曾操盘数个企业上市，15年的管理经验破解管理密码，2008年经济危机期间仍然获利实现业绩 3000% 增长……

就在全场一片期许的目光和掌声中，现场突然响起强节奏感音乐，讲师在 5~6 名护卫人员簇拥下前呼后拥地"闪亮"登场。一人在前鼓掌开道，沿途身后还有四五名保驾护航者，其架势不亚于大牌明星，之前现场较为沉闷的气氛立刻被煽动起来。

这样的造势，我亲身经历一次，搞得我很是羞愧，脸红得像熟透的苹果。作为一名销售总监应该以务实为主，万不可搞这些形式主义，没什么内容的才注重形式的隆重。我当场就劝勉自己，以后做培训，宁愿没人请，也绝不搞这些造势。

但我不得不告诉你，造势确实能忽悠住一些见大场面较少的人，可能这个造出来的大场面本身就是这些人见过的最大场面，所以参与者被裹挟其中，动摇其心志，被忽悠买单，再正常不过。

人受环境影响而改变自己的判断决策是经常的事，如一个平时大大咧咧的人，如果独自去人生地不熟的地方，想必也会变得小心翼翼；一个不善言谈的人，遇到他擅长和关心的问题，聊起来也能口若悬河。

造势，就是创造环境，用创造出来的特定环境去影响当事人的决策。

我们销售人员如何造势，才能促使客户做出有利于我们的购买决策呢？

所谓环境，无非是外部环境和内部环境，我们造势可以从客户外部环境和客户内部环境这两点入手。

先来说说如何对客户外部环境造势。

人的认知过程其实是信息加工过程，大脑接受外界输入的信息，经过头脑的加工处理，转换成内在的心理活动，进而支配人的行为，这个过程就是信息加工的过程。

从大脑的信息加工过程来看，我们只要持续地输出有利于我们的能影响客户行为的信息，如输入信息的次数到位，就一定能改变客户的行为，这也可以理解为条件反射。

对一名销售人员而言，想影响客户的言行，可以从自己和第三方影响人两个维度去策划一些信息去影响客户。

销售员本人影响客户的做法通常是：宣传企业、宣传样板工程、宣传交流产品所运用的技术特点这3块内容。这3块内容一定要多说，每见到客户一次就宣传一次。不是有句话说，谎言说1000遍也会变成真理，套用在销售上，就是宣传多了，客户就半信半疑了，再策划点其他例证，客户就信了。

第三方影响人去影响客户的通常做法是：邀请客户参观我们的样板工程，用已购买我方产品的客户的使用体验来影响新客户、用已购买我方产品的客户的表扬信等文件来影响新客户、出示我公司的其他资质资信文件证明我方的产品等等。

例如，实战中，在竞争的后期，我方销售人员可以邀请客户参观样板工程。

如果我方销售人员能提前说服客户参观竞争厂家的样板工程，我方可以提前准备，把我方的客户使用效果最好的样板工程邀请客户去实地考察，而同时我方也在我方样板工程不远的地区内找出竞争对手的样板工程，但是这些样板工程必须是竞争对手做得不好的，必须是客户抱怨竞争对手的。

这样，在一个地区内，我方优质的样板工程和竞争对手劣质的样板工程一对比，客户一定会做出有利于我方的考察结论。

说完了对客户外部环境造势，我再来说说对客户内部环境造势。

从客户内部环境造势，我们销售人员必须抓住人的因素。

销售最终的结果会受到客户内部的人的影响，所以我们想要有个好的结果，必须抓住客户内部的人。

抓住了人，就抓住了结果。

对销售结果有影响的人，从客户公司的组织架构来看无非有3种：

1.销售员所售产品的最后拍板人，这个人一般是公司的CEO、技术总工程师、生产厂长等客户公司高层。

2.销售员所售产品的关键人，这个人一般是公司的中层干部，比如工程部的部长、采购部的部长、车间主任等等。

3.操作接洽人，这类人一般是客户的最底层，一般是工程部、技术部的工程师、采购部的采购员、车间里的技术员等等。

对客户内部造势的要点是：第一，我们要找到上面所说的拍板人、关键人、接洽人；第二，我们必须持续不断地对其进行宣传，进行企业、技术、产品、样板工程、用户评价等事项的宣传。宣传的目的是获得客户绝大多数人的支持，是想在客户的心目中建立起"我们是客户的最佳供应商"的形象。这个形象一旦建立成功，我们销售人员的造势就成功了，而一旦造势成功，中国有句话叫"势不可当"，成功就随之而来了。

商业的第一件大事就是造势，让客户高看我们，让客户感觉我们是他的最佳供应商。而想造势成功，则必须在客户内部环境和客户外部环境这两方面双管齐下，形成一个完整的局，从而建立一个对我方有利的销售环境。我的主场我做主，一旦这个有利于我方的环境造成，我们就可以影响客户的心智、左右客户的决策结果了，如此一来，赢单自然会变得势不可当。

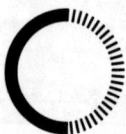

顶级销售员的
战略性控单

在销售工作中，很多新手销售员经常会听到老销售员说：

这个项目你控单了没有？
这个项目你丢了很正常，因为你没控单啊。

听到老销售员这样的话语，一般新手销售员就蒙圈了：控单？什么叫控单啊？公司销售培训，没有人告诉我什么叫控单啊？

是啊，什么叫控单呢？

我的理解，销售控单有 3 层含义：

1.控单是指销售员对客户项目的销售过程进行控制，目的是确保项目中标。

2.控单对象是指销售流程上的影响项目成败的人和事。

3.控单的手段主要是"正确的时间对正确的人做正确的事情"。

我们销售员如何让自己在正确的时间对正确的人做正确的事情呢？

其实，作为一名销售员，要想在正确的时间对正确的人做正确的事，只要记住653这个数字就可以了。

所谓的6是指控单的时间控制，我把销售流程分为6个阶段：

1. 信息收集阶段

2. 客户接触阶段

3. 客户技术交流阶段

4. 客户商务勾兑阶段

5. 招投标现场控制阶段

6. 合同执行阶段

根据销售流程这6个阶段，我们要判断出我方销售是处在6个阶段的哪一个阶段，在这个阶段里做正确的事。

比如，销售员是第一次拜访客户，属于典型的客户接触阶段。这个阶段我们销售员和客户刚刚接触，需要吸引客户对我们的注意和兴趣，这样才能使销售工作向前推进。那么如何吸引客户注意呢？

我们可以用"悬念法"去吸引客户的注意。

如我方销售员可以对客户说："张工，最近某某煤炭公司出现了井下瓦斯爆炸事件您听说了吗？太可惜了，受这事情牵连的人有不少啊！"

我们销售员可以接着说："太可惜了，要是他们买了我们的瓦斯泵，根本就不可能出现这个事情。"

用悬念法吸引客户注意时，我们销售员可以制造悬疑气氛，引起客户好奇，然后在解答悬念的时候，再把我们的产品有技巧地推介出来。

销售分 6 个流程，每个流程都有各自的定义和需要完成的工作，我们做完一个流程就可以进入下一个阶段的流程，推着销售进展走向成功。

653 的 "5"，是指我们要在客户那里做 5 件事：

第 1 件事情：对与销售相关的人都大力宣传我们的样板工程。

第 2 件事情：对客户要最少组织 1 场技术交流会。

第 3 件事情：邀请客户参观我们的样板工程。

第 4 件事情：邀请客户来我公司考察。

第 5 件事情：加客户朋友圈，看客户喜好什么，陪他做喜欢的事情。

这 5 件事情执行起来不难，难的是你要去执行，只要你去执行你就是在做正确的事情，就是推动销售朝着胜利的方向进展。

有一次，我去见武汉建筑设计院客户的时候，客户告诉我他的爱好是打乒乓球。

我说："啊，乒乓球是两个人的运动，你有固定的搭档吗？"

他说："不好找，所以打乒乓球也少。"

我说："那不如我们去打一场，看看水平是不是接近，如果接近我们搭档练练。"

于是，我们便以两三周一次的频率相约打乒乓球。这样的私下锻炼身体特别能加深客户感情，很多重要的事情，我都是在打乒乓球打累了休息的时候说起，然后设计院的这个客户就帮我去张罗实施。

这些年，我陪客户去寺庙里烧过香，去钓过鱼，去游过泳，甚至还陪客户唱过京剧，给客户看过风水。当我们销售员和客户一同做某件事情的时候，其实，关系已经由推销关系变成同事关系，是一个战壕的战友了。这个时候，生意的成功已经指日可待了。

653 的 3 是指我们要在客户公司内部结识 3 个人：

第 1 个人是：内线。我们一定要在客户公司内部培养一个内线。

第 2 个人是：拍板人。客户公司内部最高领导，他能决定我们销售员产品单子的最终走向是成功还是失败。

第 3 个人是：关键人。这个人一般是客户公司的中层干部，虽然不具备生杀大权，但是如皇帝身边的亲信，人微言重，一句话一种态度可能都会引起我们单子的动荡。这类人也是我们必须做工作的。

在客户公司内部只要我们找到和维护好这 3 种人的关系，基本上我们就实现了找对了"正确的人"。

我们把 653 整合一下，全局思维，其实就是在正确的时间节点结识正确的人做正确的事情。

我们销售员在销售工作中，要经常问自己，是不是做到了 653 控单指标，如果没有做到，赶快做到 653 控单吧，让成功是按部就班的成功！将命运紧紧抓在我们销售员自己手里！

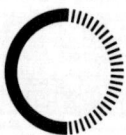

顶级销售员的
布局技巧

在销售的工作中，销售菜鸟经常会听到老销售员说，这个单子不要再去努力了，你看看招标文件，很明显竞争对手已经布好局了，你去也只是陪标的。那么听到这番话之后，新销售员可能会在心里嘀咕：

布局，销售也有布局吗？

从而进一步思考：

那么我作为一名销售菜鸟，是不是也可以学学销售布局？

答案是肯定的，销售工作中有很多布局，销售菜鸟也是可以布局的。

所谓布局，其实就是事前特意安排成功条件，按部就班地成功。有时候我们会在街头看到一些摆下象棋残棋的摊子，其实这也是布局，是摊主靠摆残局勾起你的好奇心，利用你贪小便宜的心理赚钱。

这种象棋残局又叫江湖排局。象棋的每一步都是经过精心设计的，保证最后双方和棋，但是不熟悉残局又喜欢贪小便宜的人，往往被诱使对弈，结果一着不慎满盘皆输，赔了夫人又折兵。

那么，在我的理解中，所谓的布局，就是提前布置成功条件，引导所谋之事成功。

在销售工作中，我们要如何布局呢？

一般情况下，可以分三步走。

第 1 步：销售菜鸟要布局，首先要有个目标，锁定目标。

比如说，某地新建一个医院，销售员是销售医疗器械的，那么他想布局，首先他要设个目标，这个目标可以设定为"获得这家新建医院的医疗器械采购合同"。

接下来看布局的第 2 步：即找出达成目标的必要因素，并界定出相关负责人。

想获得新建医院的医疗器械的合同，那么必须获得医院采购方的支持。所以，作为销售员，你必须了解相关的采购流程上的人。

医院项目的采购，其流程一般是科室作为产品使用部门向其上级领导发出《采购申请》，在申请里注明所需设备的名称、数量、技术参数等等。领导同意后，把《采购申请》转发给更高层领导（销售里叫拍板人），该更高领导批准后，会把《采购申请》下发给医院的后勤处，让后勤处设备科的人负责采购。

那么，依据采购流程，我们要和下面这些人接触、做深关系。

1. 科室主任（使用单位技术把关者）

2. 后勤处设备科长（商务的把关者）

3. 分管设备的副院长（设备类采购拍板人）

以上情况摸透并做好相关工作之后，就到了布局的第 3 步：策划事情，

优势事态有利于我方发展，并做深关系，使事情中的人都支持我方。

要知道，作为外单位的销售人员，客户不会无缘无故地支持我们，所以我们要策划一些事情出来，使客户能感受到我们的心意和诚意，能感受到我们的产品能给他们带去好处。这样动之以情，晓之以理，诱之以利，引导客户赞同我们、支持我们、采购我们的产品。

那么，具体应该策划一些怎样的事情才能引导客户赞同、支持并决定采购我们的产品呢？

其实主要是谋划技术和商务这两个方向的事情。

在技术上，我们谋划和客户召开技术交流会，邀请客户前来参观我们的样板工程、邀请客户来我公司考察等活动，让客户眼见为实，明白我们的产品确实品质优异，值得购买。

在商务上，我们要帮客户解决掉他们的痛点和麻烦，这样则送人玫瑰手有余香，利他后利己，因帮助客户而获得客户的支持乃天经地义。

我 2011 年拜访河南省神马尼龙化工厂，这家工厂当时新建了己二酸的技改扩产项目。在和客户的技改工程师交流的时候，工程师提到他们老厂的己二酸项目已经投产多年，但是离心机上的球阀，总是每个月就坏一次，每次更换坏的球阀都要启动备用泵，很是麻烦，查找球阀损坏的原因也查不出，搞得维修人员叫苦不已。

客户的烦恼就是我们销售人员的商机，听到客户的抱怨，我当时就拿起笔记录下来，晚上把自己和客户的会谈纪要发给了我们公司的总工程师。

总工程师是阀门专家，也是材料专家。他详细了解了情况后，就给出一个结论，是阀门的选型问题，应该选中三偏心闸阀，不应该选择传统的球阀设计。

第二天，我把我们公司的解决方案告诉客户工程师的时候，客户工程师并不是很信任，他不太相信一个销售人员提供的产品解决方案。于是，我建议，由他出面组织一场技术交流会，我方的总工程师来与神马尼龙公司的相关部门和人员做一个详细的技术交流。

我这个开技术交流会的建议被客户工程师认可，他向领导请示，他们领导也赞成。于是，在后面的一个月内，我公司总工程师和我，两个人再次去了河南省神马尼龙公司，与神马尼龙公司的专家和工程师做了专场的技术交流和讨论。

技术交流会召开得异常成功，我方总工程师不仅解决了他们的离心机球阀一个月损坏一次的老难题，更解决了客户公司很多年遗留下来的其他的离心机设备的故障问题。

在交流会开完的第二天，客户的技术部就和我们签订了协议，由我公司先生产一台闸阀，替换掉现在他们使用的球阀，如果3个月内不出故障，全款付清闸阀费用。

这就是知识的威力，这就是销售员懂技术的好处，这也是为什么布局里我们一定要做技术上的谋划。其次在商务上，我们也做到了想客户所想、急客户所急，及时为客户解决了困扰其多年的难题。这也为之后的合作打下了扎实的基础。

总而言之，产品是最好的销售员，产品是能说话的，我们在布局的时候，一定要谋划出一些事情来，让客户高度认可我们的产品。

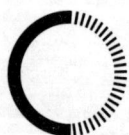

竞争对手早完成布局，如何抢单

很多销售员都会有这种感觉，在销售工作中，虽然很努力，但是我们真的不一定是第一个出现在客户面前的销售员。

很多时候，我们去拜访客户，赫然发现，竞争对手早已经和客户混得很熟，早已经形成先发优势，对我们构建了销售上的层层防火墙，甚至我们拜访客户，客户的工程师都不愿意搭理我们，什么信息都问不出来。

那么，一拜访客户就落入下风，要面对竞争对手早已经布好局的单子，遇到这种情况，我们销售人员该如何破局呢？

我在实战中破局有个"三三"战术，和大家分享一下。

第一个"三"，是要有三种认知：

一、要把战场引导到我方的优势区域

我们销售人员在业务资讯上要做到知己知彼，搞清楚我方和竞争对手的产品优劣势，尽量对竞争对手的优势进行打压，把我方的竞争优势扩大，把

销售战场引导到我方的优势区。这样我方容易获得局部竞争优势。

二、找到客户公司内部利益未获得者，将其发展为我方盟友

我方销售人员要坚信，竞争对手不可能搞定客户公司内部所有的人，因为成本太大，单子的利润无法支撑，客户公司内部肯定有利益未获得者，要找到这个人，争取把他发展为内线，支持我们。在客户公司内部有人支持我们，给我们准确信息，我们才能有更好的决策。

三、要多宣传样板工程造势，要把水搅浑

竞争对手比我们先拜访客户，有先发优势，又做了客户关系，局面一直领先我方，如果继续这样下去，我方就是温水煮青蛙式的丢单。所以，一旦我方销售人员判断我方在竞争中处在落后位置，就必须策划一些事情出来，把水搅浑。水一旦浑了，鱼就容易晕头转向，我们就可以浑水摸鱼，趁机夺取胜利。

"三三"战术，除了上述的三种认知外，另外一个"三"，则是把上述的认知落地的三种战术。

这三种战术是：

一、釜底抽薪战术

二、苦肉计战术

三、借坡下驴战术

在销售实战中，我们销售员要能够准确判断出我方落后在什么地方，需要找出什么人才能改变这落后的状况，并帮我们翻盘。这个判断做出来之后，我们就去执行它。争取因时制宜、因事制宜，去策划弯道超车。

接下来，以几个实战案例为大家全面展示这三种战术在销售实战中发挥的威力。

第一，釜底抽薪战术的实战案例

那是多年前安徽某新建电厂的真空泵项目。我第一次拜访客户的时候，客户说还有半个月就卖标书了，由电厂商务部面对国内外厂家公开招标，谁都可以买标书参与，没有门槛。

没有门槛其实就是最高的门槛，总是有人价格比你便宜，总是有人比你会吹，说他的产品世界第一，总是有人关系比你的好。

你凭什么能成为众多的参与者里唯一中标的人呢？

一个电厂的新建，其建设的依据是设计院的图纸，该图纸设计师的意见在设备采购中是非常重要的。基于以上认知，我决定从设计师这个环节入手。

我专门跑到设计这个电厂的华东电力院的设计师那里，问："你到时参加不参加开标会？"

设计师："可能没时间去，设计院的任务多，忙得一塌糊涂。"

我："你能不能把其他的事情推掉？抽出1~2天时间去开标现场，你去开标现场坐镇，能当场分析各竞争对手的技术，帮业主把好产品这道关。"

于是在我的邀请下，设计院设计师在开标前一天去这家新建的电厂进行现场作业指导，并应邀参与第二天的开标会。

前来投标这个电厂的真空泵厂家有 8~9 家。外企如德国斯特林，日本的尼可尼，国企的如肯富来、武汉真空泵厂，等等。我当时是代表西门子去的。

评标现场，设计师从他的设计思路出发，对技术关注很是严厉，出手很重，把业主觉得有竞争优势的各厂家的产品分析得头头是道，直接否决了几个品牌。

最后我方中标。

这就是釜底抽薪这一战术的使用。

第二，苦肉计战术的运用

2014 年，我参与乌鲁木齐市某热节能改造项目，当我得知这个项目的时候，已经很晚了，这个项目的新疆某业主还有 3 天就进行热节能改造项目的招标前的技术预审。

我看事态紧急，就去找了负责技术预审的业主工程师。我就说我们是今年刚刚到乌市的企业，虽然企业的实力很强，但是在新疆业绩少是我们的短板，而我们又很想参与你们这次的项目招标。不知道有什么办法能让我们参与一下？不管成不成，作为一个厂家，让我参加一下总是好的。

这是一张悲情牌。

在销售中，我们需要展示强势的一面，但是更多的时候，悲情牌却有奇效，因为悲情牌让人同情，让人对你网开一面。

这个工程师没当场表态，下班后，我打电话约这个工程师晚上一起吃饭，工程师拒绝了。

然后，我给这个工程师发了一条短信，说：这是我自己第一次到乌市这个城市，你们又是我拜访的第一个单位，您又是我见的第一个客户，很是珍惜这个开局，自己非常渴望能参与这个项目。

工程师回信：你明天来拿技术文件，把技术方案做好。

OK，在工程师的帮助下，我开标前一天拿到技术文件，连夜做技术方案，做到了凌晨5点，然后休息3个小时，9点去参加方案预审。

由于有这名工程师的支持，我们通过了招标前的资格预审。之后我去找这个工程师聊，我继续打悲情牌，我说："我非常想参与这个项目，但是招投标过程很复杂，我们怕阴沟翻船，最后被踢出局。"

这个工程师说："我们总共选了你们6家入围，分3个包，会有3家中标，你们总的成功率在50%，机会还是很大的。"

后来，我和这个工程师又接触几次，慢慢熟悉了就了解到，他的上司，是一位主任，这位主任忙于场面，参与各种维稳活动，基本上招投标的事情都是这个工程师来做。当然决策是主任拍板的，不过他们是国企单位，里面人要相处一辈子，所以基本上这个工程师提议什么，主任也都会给个面子。

在即将发标书的时候，我又找这位工程师，向他表达了我的担忧。因为我在新疆没有业绩，所以可能投标不利，能不能事先做个技术交流，作为中标的一部分。

这个工程师认可我的想法。

在标书购买后的答疑时间内，业主组织了一次技术答疑会。这个会上业主邀请了3个厂家就这个项目提出自己的最终技术方案，3个厂家3个包。3个厂家销售代表一看就基本领会了业主的意思，达成了默契，每一家厂家选择一个包，主推自己的技术方案。于是我方也在自己有技术优势的区域分得一个620万小包。

第三，借坡下驴战术的运用

武汉某公司采购设备，基于行业特点，业主以前只找一家泵厂谈判，由于这个泵厂从头到尾没有竞争，所以价格稍高。

我去了以后是第二家出现在客户面前的泵厂。然后我了解客户公司的情况发现，一周内就要签订合同，这次水泵合同是出口到孟加拉国，用在一个尿素工厂的。所以时间很紧，客户虽然对我们的竞争对手的报价不太满意，但是基本上默认了就签订竞争对手的水泵。

这个时期做任何客户关系已经来不及了，所以不得不立刻启用胜负手。

我找朋友代表一个水泵厂家C，第二天去业主单位报名参与竞争，意图搅局。

这样就是A、B、C共3个水泵厂家在竞争，但是B和C这两个品牌都是在我控制之下，所以我牺牲C品牌，让C品牌去揭A品牌的底，说明A品牌的产品质量在哪些项目中出现问题，给客户带来极大损失。

由于此项目是出口项目，对质量很在意，因为一旦出现质量问题，那赔款是天文数字，A品牌的销售员无法第一时间出示清白的证据，最后因时间原因，业主选择购买我方B公司产品。

这就是客户关系落后时，我方直接借坡下驴的实战案例。

商场如战场，我们不可能事事领先，当我们落后的时候，可以尝试用"三三"战术，第一个"三"，做到能对局面全面了解和掌控的三种认知；第二个"三"，适当运用釜底抽薪、苦肉计和借坡下驴这三大战术，很大程度上会有奇效！让我们做个有智慧善谋略的销售员吧！

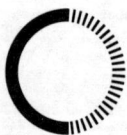

一定中标的
招投标策略

首先说一个旧新闻，算是一个好消息吧，《国家招投标法》在 2017 年 9 月 20 日已经修改了，并在 2017 年 12 月 28 日正式实施，修改后的招投标法对我们销售人员影响最大的条款就是：

招标人（业主）可以授权评委直接确定中标人，他可以选择第一中标候选人为中标者，也可以不选第一中标候选人为中标者。

业主直接指定中标者，这样法律层面的支持态度，预示着在未来的大客户销售中，做客户关系越来越重要了。不做客户关系，仅仅以最低价冲市场的时代结束了。

销售人员应该都有所了解，当销售工作进展到招投标阶段的时候，这个时期的竞争是最白热化的。我们销售员所推荐的产品或服务，仅仅是客户众多选择的其中之一。如何在竞争的最后阶段获得先机笑到最后，这就需要我们把销售工作推进到招投标阶段时，要根据和客户关系的优劣而制定出一个赢单的策略。

原则上，我们销售员要判断，在客户的竞争中，我方客情关系是领先的，还是落后的。

如果我方客情关系处在落后的位置，那么我们就要出些盘外招，把竞争局势搞混乱，局势一混乱，客户就要谨慎考虑，这样就会把竞争对手的领先优势短暂终止，从而给我方提供一个弯道超车的机会。

当竞争对手和客户关系不错，我方预感如果按此发展下去，我方就会丢单，于是，我方可以根据自己掌握的竞争对手资讯进行策划，对竞争对手进行攻击。如，我方提出竞争对手产品在其他行业也还不错，但是由于客户所在行业特殊，产品使用环境复杂，竞争对手在本行业没成功业绩，是拿客户当小白鼠做试验。

没有哪个客户愿意无偿做试验的小白鼠，所以当我们有理有据地提出我们的看法时，客户会对此进行调查，看事实是否如我方所述，如果事实和我方所述一样，那么，竞争对手的领先优势就会被打断或被客户封杀，我方和竞争对手至少又站在同一起跑线。

这就是在落后时，我方一定要把水搅浑的意思。那么，当我们客情关系领先的时候，我方又应该用什么策略，使我方顺顺利利获得合同呢？

在招投标阶段，我方最少要有3招作战战术来应对竞争对手们的博弈。

第1招：提前卡位

竞争的最高境界是不战而屈人之兵。当我方客情关系比竞争对手要领先的时候，我方就要提前布局，提前发现客户的痛点并将这个痛点引导为机会点，我方为客户的痛点形成独有的解决方案进行绑定，从而稳操胜券。

具体卡位的做法如下：

1. 和客户签订独家长期合作协议；

2. 锁定价值；

3. 绑定销售，等等。

执行提前卡位战术的时候，我们要把控以下关键点：

1. 招投标文件必须设置我方的竞争"防火墙"，要有把竞争对手屏蔽封杀的条款在招标文件内。

2. 我们要学会尊重弱势的竞争者，不盛气凌人，不嚣张招惹是非，否则容易中竞争对手的反间计、苦肉计。

3. 要把控好客情关系，防止竞争对手送回扣等行为。很多时候竞争对手处在竞争的劣势，难免会孤注一掷，给客户行贿，这点我们要预防。

在历史上，一个著名的战役很好地体现了这一招的厉害。这个战役，就是日本战国时代著名的长筱会战，在这一会战中，织田德川联军以绝对优势在长筱城击败了武田军。

通常认为，这是火枪部队对骑兵的胜利。这一战役在世界战争史上也有相当大的意义。

战争一开始是武田军率15000骑兵去攻打只有500名守军的长筱城，可惜在前几天没打下来，长筱城的守军派出信使请求支援，织田幕府两大势力就组成3万多人的联军来支援长筱城。

武田都是骑兵，肯定不想固守某个地方和对方打，毕竟骑兵的优势是运动战，在运动中杀敌是骑兵的优势。所以武田伪装向清远城方向进攻，但是这一计策被识破了，织田幕府联军就在武田军的回家必经之路鸢巢的山脚下安营扎寨，切断武田军的后路。

武田军被逼无奈，只得回头进攻织田幕府联军的营寨。但是，织田幕府联军在自己的营寨前建造了 3 层防马栅栏，用以阻截武田军骑兵，这样武田军的骑兵虽然名满天下，但是遇到防马栅栏却停滞不前，加上织田幕府联军用 3000 名火枪手进攻，使马受惊。3000 名火枪手 3 排枪放后，武田军骑兵要么被马踩伤，要么被火枪打死。

武田军溃败。

此战，织田幕府联军仅伤亡 60 人，而武田军被斩杀 1 万余人。可见，好的策略能以最小的代价获取最大的成功。

销售的小伙伴，当我们客情关系领先于竞争对手时，我们要记住，要在竞争对手的要害处设置一道道防马栅栏，这样，取胜乃唾手可得。

第 2 招：瞒天过海战术

当我方和客户的客情关系比竞争对手好，但是我们提供的产品和服务却和竞争对手一样、差不多、无明显差异的时候，或者我们的产品和服务，客户不是太满意的时候，在这样的竞争场景下，我方适合采取瞒天过海战术来赢取订单。

一个人失恋了，你再怎么用语言劝诫开导，都不能真正解决失恋者的痛苦。真正解决失恋者痛苦的方法是让失恋者再爱上一个人，再开展一段恋情，这样失恋者从失恋的状态跳出来重新回归到爱的状态，失恋的痛苦自然烟消云散。

销售也是如此，如果我们与竞争对手的产品和服务实质上差不多，那么任凭我们怎么向客户夸大宣传，客户也会做出真实的判断，得出我们和竞争对手都可以满足他的需求这个结论。与其盲目吹嘘夸大自己获得虚幻的竞争优势，还不如瞒天过海另辟蹊径，在竞争对手薄弱的环节做做文章，把竞争引导到竞争对手薄弱的领域去。

竞争对手薄弱的地方，就是我方可以高调塑造我方优势所在的地方，这样就可以虚拟出局部的竞争优势，从而引导客户做出对我们有利的决策。

那么，如何虚拟出我方新的竞争优势呢？

1.识别出客户真正的特点或替代的需求，快速提出针对性的解决方案。

2.基于我方创造出来的差异化优势，引导客户新的潜在需求，出其不意摆脱竞争对手。

在实战中，由于产品和服务都太类似，我也经常陷入苦恼之中，有时候确实找不出和竞争对手相比有什么独特的卖点，于是只好用瞒天过海战术来获得竞争优势。

比如，一般行业内的质保期都是1年，我就在这块和客户进行交流、沟通、承诺。我往往在投标文件里，把行业内公认的质保期1年夸大为3年，这样在质保期时间这块，一下比竞争对手就高出3倍时间，从而为客户优先选择我方提供了理由和借口。

第3招：各个击破战术

很多时候，我们销售人员和客户公司的中低层关系相处得不错，但是和客户公司的高层领导关系一般，这样总体来看，我方的客情关系处于劣势。在实际工作中，我方总是有这样那样的问题不能得到客户公司所有人的欢心和支持，在这种竞争环境下，我方要采取各个击破战术。

这个战术执行的关键点：

1. 要有线人，线人告诉我们"客户对我们意见不一致的原因"，我们快速地去公关沟通对我们有意见的人，使其不再反对我们。

2. 在公关关系取得一定进展后，我们推动能影响决策的关键人再次进行有利于我方的决策。

在实战里，在实行各个击破的战术时，我们一定要充分观察和利用客户公司内部的矛盾，引导客户倾向于我们。

2011年，我做河北唐山某钢铁公司的真空泵项目，在项目的技术交流现场，钢厂的技术主任拼死反对我们，对我们的方案挑刺，很明显这个技术主任被竞争对手绑定了。虽然我们做的是钢厂厂长的关系，但是技术主任拼死反对，钢厂厂长也无法擅自做主，厂长让我们再和技术主任沟通沟通，得到认可才好操作这个事情。

技术交流会开完，结果是不了了之。这家钢铁集团在唐山的下属小镇里，离唐山市还有50公里路程，技术交流会开完，我方等待钢铁公司下班后，电话邀请技术主任，希望能出来坐坐，交流交流。

在电话中，技术主任直接拒绝了，我方销售人员很有耐心，一通通电话联系邀请这个技术主任，要求见面聊一下。这个技术主任烦不过，就直接在电话里说他不在公司，他在唐山呢，马上就要吃饭了，真的没时间。

电话里这个技术主任认为我方肯定在钢厂所在的小镇的宾馆呢，所以他的理由是他已经回到唐山市的家里了，确实没办法出来吃饭。

技术主任在电话里这样说，我方销售员赶忙说："我也在唐山，见一次几分钟而已，聊下嘛。"

技术主任认为我们在骗他，半开玩笑地说："你们也在唐山？怎么可能呢？OK，你在唐山哪里？我给你15分钟，我在百货大楼门口广场等你。你能赶到我就见你，你们如果不能赶到，就别来电话了。"

放下电话，销售员快马加鞭赶往唐山，同时请一个唐山的朋友冒充我们公司的人做好准备，万一我们出现不了，他临时假扮我公司人员顶上。

15分钟，我们才走了去唐山的路的一小半，在20分钟的时候，我们接到技术主任的电话说："你们到不了吧，我马上走了，你们不要打电话来了。"

我方在电话里看到他的来电，销售员就按照事先商量的话术告诉技术主任：

"领导，我已经到百货大楼，在地下一层停车呢。"

这样拖延了几分钟，然后在30分钟的时候，主动给技术主任打电话说：

"车子已经停好，在百货大楼买两条烟，第一次见面，空手不好，请领导再耐心等一会儿。"

这样，我们终于在接到电话40分钟内到了客户的面前，客户感受到我们对他的重视和我们销售人员的职业态度，对我们的印象也变得好了起来，最后向我们承诺：

"方案按照你们的来，我以后不再反对你们了。"

就这样，销售人员靠积极和耐心创造出来的机会，搞定了一个可能会导致我们失败的人，从而为成功保驾护航。

人生是需要斗智斗勇的，一介蛮夫光靠勇力是没有多大未来的，在销售的招投标阶段，我们销售人员一定要依据我们和客户的客情关系，认清大局认清形势，灵活运用以上所讲 3 大招，即提前卡位战术、瞒天过海战术和各个击破战术，这样才能有准备、有谋略、有方法地让成功指日可待。

实战手记

· 人受环境影响而改变自己的判断决策是经常的事。

· 商业的第一件大事就是造势，让客户高看我们，让客户感觉我们是他的最佳供应商。

· 作为一名销售，要想在正确的时间对正确的人做正确的事，要记住653控单指标。

· 所谓布局，其实就是事前特意安排成功条件，按部就班地成功。

· 没有门槛其实就是最高的门槛，总是有人价格比你便宜，总是有人比你会吹，说他的产品世界第一，总是有人关系比你的好。

· 在销售中，我们需要展示强势的一面，但是更多的时候，悲情牌却有奇效，因为悲情牌让人同情，让人对你网开一面。

· 商场如战场，我们不可能事事领先，当我们落后的时候，可以尝试用"三三"战术。

· 竞争对手薄弱的地方，就是可以高调塑造我方优势所在的地方。

实战案例分析 1：
某煤化工 700 万的甲醇项目

俗话说：百闻不如一见，百谋不如一战。我们学到了很多知识如果不能用在实战，那只能算是书呆子。和你分享一些实战案例，期待你能举一反三，去智慧地销售。

2013 年，我派销售员小黄去开发山西省太原市的化二院市场。化二院是原化工部的第二设计院，主要经营范围是化学工程的设计和承包。

销售员小黄第一次拜访化二院的刘工，并没有死缠烂打，他只是简单地介绍下公司、公司的样板工程和我们的产品特色之后，就告辞了。

在第二次拜访化二院的刘工的时候，小黄做了策划，带了一个小盆栽的多肉植物送给刘工。因为在第一次见面的时候，小黄对刘工的办公环境做了一些观察。虽然小盆栽不贵，但刘工觉得还是挺感动的。接下来的沟通就比较顺畅。

在其后的沟通中，小黄说："刘工，你手上有没有项目给我介绍一个，我去跑跑，希望刘工能看看我们公司的实力和做人。"

刘工说："最近手上没有什么采购的项目，以前有个项目，不知道现在采购了没有。不过告诉你也没用，那个业主有个长期的供应商，关系好得不得了，你去也没用啊，也拿不到单子啊。"

小黄说："那就把项目告诉我呗，我去看看，我们销售员就是这个特性，只要没采购就觉得总有机会。"

刘工看销售员小黄这样说，也就给了小黄这个项目联系人的电话，并把他设计的型号和数量都说了。但是，刘工在后来叮嘱小黄说，一个江苏的供应商和业主老总关系特别好，有五六年的关系了，你去也没用。

小黄拿到这个项目信息后，就发起了一个出差申请，我批准后，他就开始去做这个位于陕西省韩城市的项目。这个项目是陕西省某煤化工公司新建的220万吨甲醇项目，项目地址位于韩城市，韩城是写《史记》的司马迁的老家。

小黄按设计院设计师给的联系人——业主项目部的李总的通信方式，顺利和李总联络上了，双方约好见面并一起吃了饭。

应该说，这个开局不错，根据我对做单的要求，小黄随后又去拜访了现场工地的技术部，分别去见了技术部的王工、杨工和业主商务部的陈部长。

在这期间，小黄为了加深同业主李总的关系，特意请李总吃了两次饭，李总也出来吃饭了，但是当小黄在饭局上问及什么时候采购、采购什么设备时，李总总是支支吾吾、语焉不详，这让小黄感到有些奇怪。

更奇怪的是，在一次拜访中，商务部的陈部长直接给了小黄11台的设备，要求报价。而根据常识，11台设备价格超过500万，已经是招投标采购，不可能仅仅是报价就采购的。所以，对价格报不报、怎么报，小黄有点拿捏不准，就电话邀请我来现场去帮他。

我分析了这个案例，就直接带来较为贵重的礼物去拜访这个客户。

首先我让业务员小黄给李总打了电话，说公司的营销总监专程来拜访他，希望能见上一面，聊聊。

李总同意了。

于是，我就在韩城最豪华的宾馆和李总见了一面，一起吃了饭，聊了韩城的一些新闻故事，等等。饭后，我安排小黄把我带来的礼物送给李总，但是无论怎么送，李总就是不收。

他甚至说："你的心意我知道，我会尽我全力帮你们的。"

礼物实在送不掉就不送啊。但是回到宾馆，我在想，为什么送不掉呢？

与其说为什么送不掉，不如说他为什么不敢拿？

他为什么不敢接受我的礼物，却愿意出来吃饭呢？

我的判断是，他可能感觉到无法帮到我，所以不敢接受我的礼物。因为万一帮不到我，即使现在拿了我的礼物，但如果最后结果失败的话，按照行规，他还是会把礼物返回给我的。

经过思考，我猜测，他虽然是客户的总经理，但是可能已经边缘化了，没有实权。

于是，第二天我让销售员小黄再去客户的现场工地拜访其他的人，去打探信息。

小黄打探的消息证实了我的想法，他问了技术部的王工，王工隐隐约约暗示，李总以前出过事情，口碑不好，所以真正的采购他不会参与的。

小黄又问谁现在在采购中权限蛮大。

黄工说采购部的陈部长蛮受老板的信任。

小黄回来给我说了他去业主那里了解到的情况，我基本上就明白这个案例的大局势，制订了两步走的公关方案。

第1步：让小黄安排我和采购部陈部长见面，这次见面我送了几十元一瓶的精油，去试探他。结果，在我精心设计的话术的影响下，陈部长收下了我送的几十元一瓶的精油。

第2步：以告别的形式再约采购部陈部长见面，向他告别并赠送小礼品。在业务员小黄的安排下，我也和客户的采购部陈部长第二次见面，并送出了价格不菲的礼物。

回到公司之后，我让小黄先别报价，等等看再说。时间一晃一个月过去，在太原的小黄也接到采购部的电话，让去买标书，标书赫然写着让报价的11台设备。

之后就是做标书，做完标书我们没有封口，而是带上公司的公章，我亲自去投标现场。在开标的前一天晚上，我让小黄给陈部长打了个电话，告诉他我来了，但是陈部长没接电话，我们又发了几条短信，他也没回。

在晚上10点30分左右，我的手机上收到一条陌生短信，上面只有数字690。我看了这个数字，就把标书打开，贴上投标总价702万。然后，用事先打好的封条，把标书封上，准备投标。

第二天开标，我方以接近标的价的价格中标。

这就是这个项目的做标情况。

销售的同行们，这个案例你看明白了吗？我问你几个问题。

第1个问题：在接到客户采购部要求报价的电话后，我方为什么没有立即进行报价？

第2个问题：为什么第一次我们只送几十元的小礼品给采购部的陈部长，而不是直接送较贵重的礼品？为什么我们在第二次见面的时候才送较贵重的礼品？

这两个问题背后依据的原理我在下一篇文章里告诉你。

实战案例分析 2：
一个配套 200 万阀门的打单案例

上一篇文章我分享了陕西省韩城某煤化工公司的案例，在案例中我提出两个问题。

第 1 个问题：在接到客户采购部要求报价的电话后，我方为什么没有报价？

这个问题的答案是，这是一种检验手段。

在实战中，我们会发现，客户要求我们销售员报价会有两种情况。

第 1 种：客户刚刚产生对某种产品的需求，所以他想了解这种产品的一些情况，比如这种产品行业内哪些品牌的产品是最好的？这种产品市场价格一般是多少？这种产品有没有什么明显的质量隐患？

客户的需求刚刚产生，他了解价格仅仅是想知道这种产品一般卖价是多少，他并不会真正采购。我们销售人员如果擅自报价，报高了把客户吓跑了，报低了往往客户会觉得便宜无好货，对我们印象也差。所以，这种情况，我们不建议报价。

客户要求销售员报价的第 2 种情况是：客户确实要采购了，所以启动价格谈判，但是在本案例中，我们发现金额过大，是需要招投标的，所以判断客户要求报价不是第 2 种情况。

所以，在这一案例中，客户要求我方销售员报价，我方经过评估决定采用拖延战术，不给客户报价。这样的话，客户就不知道我们的报价，所以我方价格就不会过早泄露。这样，在实际招投标中，我方不会因为价格问题被竞争对手锁定，以至于被动。

第二个问题：对于公关采购部的陈部长，为什么第一次跟他见面我们只送几十元的小礼品，而不是直接送较贵重的礼品？

这就是前面讲过的"登门槛效应"的实际运用。

先来回忆一下什么是登门槛效应：一个人一旦接受了他人的一个微不足道的要求，为了避免认知上的不协调，或想给他人以前后一致的印象，就有可能接受更多的要求。这种现象，犹如登门槛时要一级台阶一级台阶地登，这样能更容易、更顺利地登上高处。

生活里登门槛效应比比皆是，比如我们追女生，一开始你不能牵对方的手，你必须先甜言蜜语，然后送点小礼物，再接着你需要请她吃饭、看电影之类的。你只有这样一点一点扩大交往深度，展示你的心意，你才能最后牵她的手。如果你一认识她就直接牵她的手，往往会把她吓跑。

回答完陕西韩城的案例两个实战小问题后，我再和你分享一个给国内某压缩机厂做配套阀门的打单案例，这个案例合同额 200 万。

客户：国内某压缩机公司

相关人：技术助理—技术总工—车间主管—采购部—BOSS（老板）

业绩：200 万

在前期的客户信息收集里，其中有一家客户，对我们比较有意向，如果拿下这个客户，一年大约有 200 万的业绩。

经过与客户的几次接触，我把客户公司的大概框架及组织结构梳理了下：客户公司是一家子承父业的公司，公司大约有 50 个人，属于中型企业，在行业而言属于后起之秀，除了在国内销售，还有国外出口业务。

就我们产品而言，流程大概如下：

采购流程：技术选型—产品测试—商务谈判（账期，价格）—合作！

人员接触：技术助理—技术总工—车间主管—采购部—BOSS—合作！

我们的阀门属于配套，即客户每月都会根据生产计划采购，不是属于项目型销售，仅适用于配套型产品。

在与客户的交流过程中，我们主要和以下几个人打交道。

技术助理：L，居家女孩子，比较会过日子，跟她沟通工作比较顺畅，告诉我很多有用的信息。

技术总工：W，男，在公司，技术方面很有话语权，并有一票否决权。

采购：H，女，进入公司比较久，算是开朝元老，公私分明，做事干练。

BOSS：M，子承父业，"80 后"，毕业后，进入公司，帮助父亲一起打理公司，很快就荣升为执行董事，属于有想法、有执行力的老板。

通过与技术总工几次技术交流后，技术总工终于同意进行产品测试。

在给客户邮递样品一周后，打电话给技术助理L沟通时，L说：阀门装上去就泄漏了，你们的产品也太差了。然后在电话里一顿抱怨，我心里也很纳闷，不会啊，怎么会出现这个问题。当时，我拿着话筒，被客户说得脸都发烫了。之后等L发牢骚结束后，我就跟L耐心地讲：问题已经发生了，确实是我们工作不到位，给您这边工作添麻烦了。现在解释再多还不如把问题解决，会比较有意义。L发完牢骚后，也没再计较，就说，那你自己过来看看吧。据车间的安装主管说，是阀体裂了导致的泄漏。我当时想会不会是工人安装不当引起的。但是，在没有把握前，这个还不能过早地讲，不然会引起不必要的误会。

第二天，去客户工厂，然后一进客户的办公室，看到L在忙，其他部门的技术也在忙自己的，就跟L简单聊了下。她说带我去见下车间主管，可以和主管了解下产品实际情况。我说好的，这样才能掌握到一手信息，看问题到底出在哪里，从而提出更好的解决方法。L叹了一口气，估计当时对我很无语吧。

去的时候，车间主管刚好在忙，之前和车间主管见过几次面，算是见面有个脸熟，但是不是特别熟。走到会客室后，给车间主管H递了一根烟，然后H主管吸了一口后，开始也没太多废话，就开门见山直接跟我讲，阀装在机器上就有个进口出现了轻微的裂痕，然后给我指了指阀门上的痕迹。

我不好意思地问道："H主管，这确实是我们工作不够严谨。请教下，以您这么多年的行业经验，您觉得是什么问题造成的？"

H抽了一口烟，然后很享受地吐了一个烟圈后，说："估计应该是阀外壳材质比较薄，在安装的时候，用力过大出现裂痕。其他的应该不会有啥问题吧。"

听完H的总结性批评后，我说："H主管，非常感谢您能提出自己对于这个问题的看法和建议。"

H说："以前用的都没出现过这样的问题，所以你们的质量要把好关啊。不然，让我们工人很难安装，他们就会有排斥心理了。"

我有些不好意思地说："嗯，我们会加强自身的质检管理，也希望您这边能多担待，有问题我们会第一时间解决。"

H说："嗯，你们处理问题的态度和速度都可以。"

我就说："谢谢您，H主管！您提的这些，我们会加强的，也希望您这边能再给我一次机会。"

H说："我这边没问题，但是需要技术部门确认就好。"

聊到这里的时候，他因为有车间的人找，有事要忙，就离开了。

我还想去技术总工那里，就是W的办公室，听听他的看法和意见，可惜他人不在。据说他出差了。

接着，我又去和L聊了下，并跟她说了H主管分析的原因，并及时提出希望再给我们一次测试的机会。L说："行。"

那我就回答道："行，我新的样品已经带来了，您看下，然后等车间工人师傅有空的时候，帮我安排下测试。"

L说："行，希望这次别再有问题了。再有问题，就说不过去了。"

我说："肯定的，谁也不希望有问题，谢谢您啦。"

回公司我跟领导汇报这件事的处理结果后，领导说那就看这次结果怎样吧。

一个月后，当我在和L电话询问测试结果的时候，L告知，产品测试失败，是同样的问题，并且让我尽快把测试的样品拿回去。接着就挂断了电话。当时我心里真不是滋味。

带着郁闷的心情，我找到了公司技术部门的领导，让他给分析下，看问题到底出在哪里。他说："1.发货之前都有测试，如果还出现这样的问题，就是阀的接口方式不对。2.对方车间安装的工人安装的时候，方法不对。"

我说："1可以理解，2所说的问题，不现实，因为对方的车间我去过，工人都是老师傅，而且培训过的，所以这个概率太低了。"

不过最后我还是说："我再和对方技术部门沟通下，谢谢了。"

我把这个客户从接触到现在的过程，全部理了一遍，发现确实在选型过程中，这个方面给疏忽了。

接下来，该怎么说服客户，并且搞定这个客户呢？下班之后，在QQ上和客户技术助理L聊了很久，她也表示爱莫能助，毕竟她人微言轻。

那一夜，我辗转反侧，想了一条又一条的计划，最后想到的就是，找出问题的根本，告诉客户问题错在哪里。即便是真的被客户拒绝了，至少这个问题有了答案，销售就是不断地从试错和被拒绝开始。鼓励了自己后，我心里也慢慢踏实了。

第二天，上班后电话里向在外地出差的公司领导汇报了自己的想法后，领导就说了一句，放手去做吧！

记得那时候，夏天，酷暑难当，顶着炎炎烈日，下午乘车到客户公司的所在地，然后在去的途中，想到了我曾经做单的时候，给客户买冷饮的故事。我就去客户附近的超市，买了10多份冷饮。

敲开技术部门办公室的门后，发现W工、技术助理L，还有其他的几个同事，包括采购员当时也都在，就跟W工简单寒暄了下，然后把冷饮每个人都分了下，说了句见者有份，就给他们每个人都发了一份。

然后我和W工单独去了会客室。

W跟我说，你们的产品情况我也知道了。怎么会出现这样的情况，以后有机会再合作吧。你小伙子人不错，但是产品确实不敢恭维，现在老板都知道这个事了。因为那天刚好老板在车间巡视，给看到了，所以很抱歉。就这样我被委婉谢绝了。

我只好说了些客套话，然后离开他们办公室，准备去车间和 H 主管聊聊。

因为我心里想着，总感觉这么放弃太可惜了，都已经跟了这么久的客户，竟然功亏一篑。

这时，手机上一条短信过来：找 M 总。或许有转机！

M 总，之前和他见过两次，刚好是属于机缘比较巧合，但是纯属常规拜访。

这是最后的机会了。敲开他的办公室门后，M 总刚好在看杂志，看到我来后，放下手中的杂志，就问我，有什么事?

我也没隐瞒什么，就把阀的事大概说了经过，并诚恳地说，虽然我们的产品同行业里都有应用，但在这个区域您是我做的第一家客户，希望您能帮我一下，再给我们一个机会。如果这次我们找到问题根源后，还解决不了，以后我也不好意思再来你们公司打扰您了。

M 总看着我诚恳地跟他说完最后这段话后说："行，既然你能再次争取这个机会，说明你对自己的产品还是很有信心的。那就再试试看咯，如果还不行，那就没办法了。"

我说："M 总，人的一生会遇到很多贵人，您就是我在这个区域的贵人，感谢您愿意支持我们。"

M 总说："呵呵，不用这么说，只是看到你经常会来我们公司，也说明你比较勤奋、比较关心我们。我需要的就是关心我们并愿意和我们一起成长的供应商。去找 W 工吧，找他谈下，就说我说的，让他再试一次。"

从 M 总办公室离开后，找到 W 工，和他交流后，并将 M 总的意思转达后，他说没问题，只要领导同意。

一个月后，测试顺利，然后报价，报价的时候从侧面渠道了解到，其实原有的供应商和客户已经合作不愉快了。

总结：

1. 任何时候，客户的内线培养都很重要，这个内线的培养不一定体现在金钱上面。

2. 客户从下往上做的时候，难度和阻力会比较大。对于一般的销售员，习惯去找比较容易打交道的客户部门交流。在案例中 W 工拒绝我，是因为他不愿意为一个新供应商去承担或者做更多的事，所以，拒绝我合情合理。

3. 最后找 M 总，是因为我抱着死马当活马医，尽力而为，其实，找 M 总，是抱着最后一搏的想法。

4. 不要小看任何一个和你业务有关的人，在某些关键的时候，他们起的作用是你意想不到的。比如，那条让我找 M 总的短信，给我带来的希望远远大于其他。

5. 我们合作后，我也经常在 M 总不忙的时候，在他办公室和他聊天。他比较热衷于泡茶，我曾经问过他，为什么会给我那么一个机会？他笑了笑说，因为你让我看到了自己刚开始进入到老爸公司，也去做销售员时的那个青涩的菜鸟的样子。其实，更主要的是你经常来我们公司，比较勤快。我能感觉到你是个做事的人。当时，听完他前面的评价我是满头黑线，这个也算帮人的理由啊？！不过听完后面他对我的评价，我还是心花怒放的。

6. 持之以恒地坚持，别轻易放弃，有些东西，比如金钱、阅历、实力，可能暂时无法具备，但执着和努力是每个人与生俱来的，就看你怎么用。

案例分享完了，是的，销售员不到最后一刻决不能放弃。

特别推荐
适合销售员读的几本书

每年都有小伙伴问我：我想提高销售认知，请问，我应该读些什么书以增加我的销售能力呢？你能不能推荐几本书给我，让我去学习呢？

想提高销售能力，究竟要读什么类型的书呢？我给你列出几本必读书。

第 1 本书是美国人科特勒写的《营销管理》

科特勒本人被公认为"现代营销学之父"，由此可见其在营销江湖的地位。中国在历史传统上是一个农业帝国，厉来才开始工业化，而国外工业化已经近百年。工业化的特征是生产力提高，产品会严重过剩，而生产过剩就倒逼企业家去研究如何最大限度地把产品卖掉，于是诞生了"现代营销学"这门学科来解决产品过剩造成的过度竞争问题。

科特勒的《营销管理》这本书，地位如同中国传统文化中的《论语》，只要谈到中国文化就离不开《论语》这本书。同样，只要是谈营销，那么就绕不开《营销管理》这本书。

读这本书，给你的最大的好处是，能系统地知道什么是营销，我们如何去做营销。它是一种大局观的认知，读了这本书使我们在宏观、大局上对营销有了认识。

其缺点是不够细节化，不够有针对性，基本上无法拿来就用，只能开开眼界，无法实战。想实战，必须先要实践，然后在实践中修正，这样去把《营销管理》落地，让它成为一本能实战的指导书。

第2本书是《战国策》

《战国策》是一部记载历史故事的书。主要记述了战国时期的纵横家发现问题，解决问题的历史故事。全书是一个又一个的历史故事，每一个故事都是发现了问题，然后想方设法去解决问题。

这本书与其说是历史书，不如说是教育我们现代人解决问题的方法书。

比如，《战国策》中《楚怀王拘张仪》这个故事就很有趣，提供了在绝境中脱身的好方法，对销售员来说，给了我们如何应对客户的启发。

张仪以前骗过楚怀王，有一年，楚怀王联合齐国去夹攻秦国，秦国受不了左右夹攻，就派张仪去议和，张仪就对楚怀王说，我愿意出商和洛这两块方圆600里的土地来换取你的退兵。

楚怀王相信了张仪的话就退兵了，他派人找张仪索取600里地，张仪却说你听错了，我说的是商洛6里的地。呵呵，600里到6里，楚怀王知道自己上当了、受骗了，于是就发誓再见到张仪一定要把他杀了，解解气，挽回自己的面子。

这是前提，真正的故事是，张仪骗了楚怀王后过去了五六年，他因事得罪了秦王而逃离秦国，在逃亡的过程中很不幸被楚怀王抓住。楚怀王要杀张仪，张仪知道自己处境不妙就暗自买通了楚怀王的大臣，让这个大臣找楚怀王最宠爱的妃子郑袖说情。

想说服郑袖替张仪说情并非易事，是需要精心策划话术的，张仪为大臣策划了如下的话术。

大臣对楚怀王的宠妃郑袖说："你可知道你马上要在君王面前失宠了！"

郑袖说："为什么？"

大臣说："张仪是秦王有功的忠臣，现在楚国把他拘留下狱了，秦国肯定要楚国释放张仪。秦王有一个美丽的公主，同时又选择美貌善玩且懂音乐的宫女做陪嫁。为了使她高兴，秦王还陪嫁了各种金玉宝器，把上庸 6 县送给她作为享乐的费用，这次正想让张仪将其献给楚王为妻。君王必定很爱秦国公主，而秦国公主也仰仗强秦来抬高自己身价，同时更以珠宝土地为资本，四处活动。她势必会被立为君王的王后，到那时秦国公主就等于君临楚国，而君王每天都沉迷于享乐，必然忘记你。你被忘掉以后，那你离被轻视的日子就不远了。"

大臣说中了郑袖的痛点，在古代，每个妃子都会担心失宠。

郑袖说："一切拜托您办理，我真不知道该怎么好。"

大臣说："您为什么不赶快建议君王释放张仪。张仪如果能够获得释放，必然对您感激不尽，秦国的公主也就不会来了，那秦国必定会尊重你。您在国内有楚国的崇高地位，在国外结交秦国，并且留张仪供您驱使。您的子孙必然成为楚国太子，这绝对不是一般的利益。"

大臣先用痛点让郑袖六神无主，又用利益引诱她立即行动。

郑袖立刻就去说服楚怀王放了张仪。

你看，张仪骗了楚怀王，楚怀王当众发誓要杀了张仪，按道理说张仪被楚怀王抓住就无幸免的道理，但是张仪不是去想说服楚怀王或向楚怀王求情，这也没用。张仪另辟蹊径，他去说服楚怀王最信任的爱妃郑袖，通过说服郑袖，让郑袖去搞定楚怀王，从而自己巧妙脱困。

在现实生活中，很多销售人员可能在拜访客户时，客户的董事长已经被竞争对手搞定，这个时候如果我们的销售人员去说服客户董事长。董事长可能不会被我们轻易说服，甚至我们根本说服不了董事长。如果我们从《战国策》里的这个张仪的故事得到启发，我们也可以仿效张仪，不去说服董事长，而是说服董事长最信任的人，那么通过董事长最信任的人帮我们说话，就相当于间接地搞定了董事长，我们离赢单就不远了。

第 3 本书是《道德经》

《道德经》的伟大之处，不需要宣传。它能指导我们销售人员认知这个世界、和世界和谐相处；它普及程度高，是一个可以和客户随时聊天的有效谈资。

我们在和客户的聊天中，偶尔夹带一两句《道德经》的名言，立刻就使我们谈话的品质上升一个高度，使客户的身心都得到愉悦，从而更容易获得客户的赞赏和认同。

比如，我们第一次去拜访客户，在聊天的时候，我们得知，早有竞争对手打进这家客户，而且竞争对手的产品使用效果还可以，客户对竞争对手的评价还是蛮正面的。

在这样的背景下，我们就可以对客户说：

张工啊，《道德经》中说："天之道，损有余而补不足。"我是新来的销售员，明显是不足啊，真心期待张工您能以天之道，对我照顾下，我们的产品确实还不错，张工您看看能不能给我开一点小小门缝，给我们一点机会。

这样的话术，由于引用了《道德经》的话，又加上我们销售员的态度和善可亲，往往能吸引客户，使客户不反对我们的说法，而不反对其实就是赞同。

最后是《唐诗》《宋词》

销售人员都知道第一印象在销售中的重要作用，想要有个好的第一印象，除了包装之外，我们自身的气质也是第一印象的组成部分。

而"腹有诗书气自华"，书读多了，人的气质自然高雅光彩，使人见到就折服。而对人的气质有极大影响的《唐诗》《宋词》，销售人员一定要抽空读读。

《唐诗》《宋词》除了文字优美精练之外，文字之间的意境更是让人浮想联翩，放飞自我。多读《唐诗》《宋词》，在这样美好的文字、美好的意境、美好的想象中熏陶自己，那么自己的气质无形中就得到滋养、培育，最后高雅不凡，使人折服。

有时候，特定场合，背几句《唐诗》《宋词》也是销售员和客户关系的催化剂。

比如销售人员请客户吃饭，劝客户喝点酒，我们可以说："人生得意须尽欢，莫使金樽空对月。"

这样豪迈的劝酒诗，很容易把客户的豪情、激情给激发出来，我们和客户的关系也会更加融洽。

凡事都讲究抓住重点，这样才有效率，人的一生不在于你做了多少事情，而在于你做对了多少关键的重要事情，我们销售人员读书也是如此。我们销售员读书不在于多，而在于精，在于能熏陶提高自己的素养，在于收获更多沟通技巧，那么《唐诗》《宋词》《道德经》《战国策》《营销管理》这几本书，你钻研到一定的深度，就可以叱咤风云、笑傲江湖了。